Arbeitslosigkeit,

ihre statistische Erfassung und ihre Bekämpfung durch den Arbeitsnachweis.

Von

Dr. Benno Merkle.

Verlag von Duncker & Humblot.
München und Leipzig 1913.

Alle Rechte vorbehalten.

Vorwort.

Die Anregung zu meinen Studien über die Arbeitslosigkeit und ihre Bekämpfung hat meine vorgesetzte Behörde, der Stadtmagistrat München, gegeben.

München hat, wie so viele andere deutsche Städte, der Arbeitslosigkeit seit langer Zeit eine rege Aufmerksamkeit geschenkt. Es hat durch seine reich ausgestattete Armenpflege viel Elend gemildert, es hat umfangreiche Winterarbeiten ausführen lassen, es hat Arbeitslosen-Unterstützungen ausbezahlt, es hat Arbeitslosenzählungen vorgenommen, und es hat durch die Organisation eines in hoher Blüte stehenden städtischen Arbeitsamtes die vorhandene Arbeit, soweit es bei der derzeitigen Zersplitterung der Arbeitsvermittlung überhaupt möglich ist, aufzuteilen gesucht. Daneben haben auch die Organisationen der Arbeiter vielfach Arbeitslosen-Unterstützungen eingeführt; die Münchener Privatwohltätigkeit, die ziemlich weitgreifend ist, hat auch das Ihrige dazu beigetragen, die schwersten Schädigungen von den Arbeitslosen abzuhalten. Wenn trotzdem bei hartem Winter manche Familie recht knapp leben, ihre Ersparnisse aufbrauchen und noch borgen mußte, so sind das sicher sehr zu beklagende Tatsachen, aber eine wirklich elementare Not der Arbeitslosen wird in München so oft nicht gewesen sein.

Auch mit der Frage der Arbeitslosen-Versicherung hat sich München wiederholt beschäftigt. Eine Einigung ist darüber noch nicht erzielt worden. Die Mehrheit der Stadtverwaltung war bisher der Meinung, die wiederholt auch andere Städte und zuletzt der Deutsche Städtetag im Jahre 1911 in Posen energisch vertreten haben, daß eine Arbeitslosenversicherung nicht Sache einer einzelnen Stadt, sondern Sache des ganzen Landes oder des Reiches sei. Für diese Erwägung spricht der Umstand, daß die Maßnahmen, die von einer einzelnen Stadt getroffen werden können, nur fakultativer Art sein können. Immerhin mag es dort, wo die Verhältnisse besonders günstig liegen, als eine bemerkenswerte soziale Tat angesehen

*

werden, wenn eine Stadt selbst eine Arbeitslosenversicherungskasse errichtet und allen Arbeitern und Arbeiterorganisationen den Beitritt ermöglicht oder Gelder zur Verfügung stellt, um die Einrichtungen der organisierten Arbeiter und die Spareinrichtungen der nichtorganisierten Arbeiter zu unterstützen. Mangels eines Obligatoriums wird aber eine solche Maßnahme immer einen Unterstützungscharakter haben, da mit Ausnahme der in den Arbeiterorganisationen zusammengeschlossenen Arbeiter nur die schlechten Risiken sich beteiligen werden. Von einem Ausgleich der Risiken, der ja der Grundcharakter jeder Versicherung ist, kann also keine Rede sein.

Die Städte sind aber auch keine abgeschlossenen Wirtschaftsgebiete: sie sind ferner heute schon Agglomerationsstätten der Bevölkerung und würden dies wahrscheinlich noch in vermehrtem Maße werden, wenn sie die Arbeitslosenversicherung für ihr Gebiet einführten. Das würde aber den in Deutschland bereits vorhandenen starken Gegensatz zwischen Arbeitslosigkeit und Arbeitermangel noch verschärfen und den Import von ausländischen Arbeitskräften vermehren.

Wenn ich alle im Problem der Arbeitslosigkeit liegenden Fragen betrachte, so will es mir fast scheinen, als ob die Arbeitslosenversicherung überhaupt nicht in erster Linie zur Bekämpfung der Arbeitslosigkeit sich eigne. Sie scheint mir mehr eine Vorschau gegen die Folgen derjenigen Arbeitslosigkeit zu sein, die innerhalb einer gegebenen Volkswirtschaft sich als die normale darstellt. Eine darüber hinausgehende Arbeitslosigkeit muß trotz einer etwaigen Entschädigung aus der Arbeitslosenversicherung eine Verarmung großer Bevölkerungsteile herbeiführen, da diese Entschädigung stets nur ein Surrogat des Arbeitslohnes sein wird; sie wird ferner die nationale Kraft schwächen.

Solange wir daher den Umfang der Arbeitslosigkeit nicht genau kennen und solange wir nicht wissen, wie die Arbeitslosenmasse sich zusammensetzt, und solange die vorhandene Arbeit nicht aufgeteilt werden kann, können wir durchaus nicht beurteilen, ob bei uns die Verhältnisse normal sind. Erst eine erschöpfende Beobachtung der Arbeitslosenmassen und eine organisch ausgestaltete, dem modernen Wirtschaftsleben angepaßte Arbeitsvermittlung werden uns darüber Aufklärung verschaffen können; erst auf diesen beiden Grundlagen wird sich die weitere Arbeitslosenfürsorge organisch aufbauen lassen.

Daher habe ich neben einem einleitenden Teil über die wichtigsten allgemeinen Begriffe der Arbeitslosigkeit den Schwerpunkt meiner Arbeit in die Behandlung der beiden Fragen, nämlich der Arbeitslosenstatistik und der Arbeitsvermittlung, gelegt. Wenn die Arbeit ein wenig nur zur Klärung der in Betracht kommenden Fragen beitragen würde, so hätte sie ihren Zweck erfüllt.

München, im April 1912.

Benno Merkle.

Inhaltsverzeichnis.

Seite

Vorwort III
Literaturverzeichnis VIII

Erstes Kapitel. Arbeitslosigkeit.

Arbeitslosigkeit im Altertum, im Mittelalter und in der Neuzeit 1
Begriff des Arbeitslosen 3
Unverschuldete Arbeitslosigkeit 4
Teilweise Arbeitslosigkeit 6
Wirtschaftliche Ursachen der Arbeitslosigkeit 7
Persönliche Ursachen der Arbeitslosigkeit (des Arbeitslosen
 selbst und des Arbeitgebers 9
Standort der Arbeitslosigkeit 11
Zeitliche Verteilung der Arbeitslosigkeit 13
Wovon lebt der Arbeitslose? 14
Zustand und Verhalten der Arbeitslosen 13
Andere Fragen der Arbeitslosigkeit 17

Zweites Kapitel. Arbeitslosenstatistik.

I. Anwendungsgebiete der Zählung und Verzeichnung überhaupt 18

Arbeitslosigkeit und Arbeitermangel 20
Ist die Arbeitslosenmasse eine Bestands- oder Bewegungsmasse? 21
Verbindung der Arbeitslosenzählung mit den Berufs- und
 Volkszählungen in Deutschland und anderen Staaten . . . 23
Isolierte Arbeitslosenzählungen, ihre Methoden, ihre Durchführung und ihre Kosten 25
Verzeichnung der Arbeitslosen (Individualstatistik) . . . 32

II. Statistische Erfassung der Arbeitslosigkeit in Deutschland

 A. Aufzeichnung 34
 Aufzeichnung der Arbeitsvermittlung und Situationsberichte 36
 Bewegung des Mitgliederstandes der Krankenkassen . . . 38
 Mitteilungen der Arbeiterorganisationen 39
 Berichte der Arbeitslosenversicherungskassen 40
 Armen- und Kriminalstatistik 41

 B. Direkte statistische Erhebungen.
 Erhebungen über Arbeitslosigkeit gelegentlich der Armenerhebungen (Reich, Sachsen, Bayern) 41
 Städtische Arbeitslosenzählungen 42
 Gewerkschaftliche Arbeitslosenzählungen 44
 Anderweitige Ermittlung der Arbeitslosigkeit gelegentlich
  von Erhebungen über Arbeiterverhältnisse 46
 Abneigung gegen die Arbeitslosenzählungen 49

III. Normale Arbeitslosigkeit und Verhältnis zwischen Krankheit und Arbeitslosigkeit. 50

Drittes Kapitel. Arbeitsnachweis.

Seite

I. Kurzer Rückblick über die Entwicklung der Arbeitsvermittlung 56
- Verschiedene Vermittlungsarten 56
- Neuere Entwicklung 59
- Gemeindliche Arbeitsvermittlung 62
- Vielheit der Arbeitsvermittlung 63
- Gemeinnützige Arbeitsnachweise 65
- Entwicklung in anderen Staaten 66
- Staatlicher Arbeitsnachweis in England 69

II. Notwendigkeit und Wichtigkeit der Arbeitsvermittlung im Sinne einer öffentlichen Angelegenheit 71
- Arbeitsvermittlung als Grundbedingung der Arbeit ... 72
- Der Arbeitsnachweis als Kontrollstation der Arbeitslosenfürsorge 73

III. Ist die derzeitige Organisation des Arbeitsnachweises in Deutschland richtig und vollkommen? 76
- Arbeitgeber-Arbeitsnachweise 77
- Neuere Forderungen in bezug auf die Ausgestaltung des Arbeitsnachweises in Deutschland 80
- Formen des heutigen städtischen öffentlichen Arbeitsnachweises 81
- Zentralisation der Arbeitsvermittlung im städtischen Arbeitsnachweis 83
- Was spricht gegen das Monopol des städtischen Arbeitsnachweises? 86

IV. Was haben Reich und Bundesstaaten bisher in der Arbeitsvermittlung geleistet und was hat weiterhin zu geschehen? 88
- Notwendigkeit eines staatlichen Arbeitsnachweises 91
- Übergangsbestimmungen 93
- Sachliche Organisation des staatlichen Arbeitsnachweises 94
- Persönliche Organisation des staatlichen Arbeitsnachweises 98
- Paritätische Ausschüsse 101
- Einreihung in den Beamtenorganismus des Staates ... 102
- Innere Geschäftsführung 102
- Kostenfrage 103
- Gesetzliche Regelung für den staatlichen Arbeitsnachweis 105
- Zusammenfassung der staatlichen Maßnahmen bezüglich des Arbeitsnachweises 106

Tabellenwerk 109

Literaturverzeichnis.

I.

Alterthum, Dr. Paul, Das Problem der Arbeitslosigkeit und die kapitalistische Wirtschaftsentwicklung, 1911.
Arbeiterwohlfahrtseinrichtungen in Bayern. Amtl. Denkschrift 1906.
Baab, Aug., „Zur Frage der Arbeitslosenversicherung, der Arbeitsvermittlung und der Arbeitsbeschaffung". 1911.
Badtke und Jastrow, Kommunale Arbeitslosenversicherung, 1910.
Bertillon, Jacques, La dépopulation de la France, 1911.
Brentano, L., Die Arbeiterversicherung gemäß der heutigen Wirtschaftsordnung, 1879.
— L., Über die Ursachen der heutigen sozialen Not, Leipzig 1889.
Bücher, Dr. Karl, Entstehung der Volkswirtschaft, Tübingen 1910.
Deutschnationaler Handlungsgehilfenverband. Die wirtschaftliche Lage der deutschen Handlungsgehilfen, Enquete Hamburg 1910.
Engel, August, Grundriß der Sozialreform, Paderborn 1907.
Ernst, Georg, Die ländlichen Arbeitsverhältnisse im rechtsrheinischen Bayern, 1907.
Flürschein, Michael, „Bausteine", Beiträge zur Sozialreform, 1894.
Foerster, Dr. Fr. W., Die Arbeitslosigkeit und die moderne Wirtschaftsentwicklung, Zürich 1897.
Forstarbeiterstatistik, Mitteilungen der Staatsforstverwaltung Bayerns, 10. Heft, 1910.
Freund, Dr., Referat betreffend die Errichtung eines städtischen Arbeitsnachweises, Berlin 1893.
Gleichauf, W., Geschichte des Verbandes der deutschen Gewerkvereine (H.-D.), Buchverlag der Hilfe, Berlin 1907.
Götze, Hans, Die Rechtsverhältnisse der Fabrikpensions- und Unterstützungskassen, Berlin 1910.
Goltz, Th. von der, Die ländliche Arbeiterfrage und ihre Lösung, Danzig 1872.
Grabuth, Dr. Gottl., Handbuch der Statistik des Königreichs Bayern, 1824.
Graßl, Dr., K. B. Bezirksarzt, Blut und Brot, München 1905.
Hall, Dr. H., Die Versicherung gegen Stellenlosigkeit im Handelsgewerbe, München 1894.
— Zur Frage der Arbeitslosenversicherung, aus „Schweizerische Blätter für Wirtschafts- und Sozialpolitik", Heft 6, Jahrg. 1901.
Hanssen, Georg, Über öffentliche Arbeitsnachweisungsanstalten, Heidelberg 1846, aus dem Archiv der politischen Ökonomie und Polizeiwissenschaft. Neue Folge, 4. Bd., 3. Heft.
Hartmann, Statistik des Königreichs Bayern, 1857 und 1866.
Haun, Fr. Joh., Das Recht auf Arbeit, Berlin 1889, Verlag von Puttkammer & Mühlbrecht.
Hazzi, J., Statistische Aufschlüsse über das Herzogtum Bayern, 1808.
Historisch-statistische Darstellung der Armenpflege der kgl. Hauptund Residenzstadt München, herausgegeben von der kgl. Polizeidirektion, 1808.
Holzschuher, Aug. Frhr. von, Die materielle Not der unteren Volksklassen und ihre Ursachen.
Jastrow und Badtke, Kommunale Arbeitslosenversicherung, 1910.

Jastrow, J., Das Problem der Arbeitslosenversicherung und die Grundsätze des wirtschaftlichen Liberalismus, 1910.
Imle, Fanny, Kritisches und Positives zur Frage der Arbeitslosenfürsorge, 1907.
Klaußner, Ignaz, Vortrag über Industrie, Erwerb und Gewerbewesen, München 1848.
Konrad, Else, Das Dienstbotenproblem in den nordamerikanischen Staaten.
Knapp, Gg. Fr., Grundherrschaft und Rittergut, Leipzig 1897.
Lauer, Fritz, Die Praxis des öffentlichen Arbeitsnachweises, 1908.
Mangold, Dr. F.. Denkschrift über die Entwicklung der staatlichen Arbeitslosenfürsorge im Kanton Basel-Stadt, 1906.
Mayr, Dr. Aug., Untersuchung über die Agglomerationsverhältnisse der Bevölkerung im Königreich Bayern, 1904.
— Dr. Georg von, Die Pflicht im Wirtschaftsleben, Tübingen 1900.
Mayer, Dr., Die Ordnung der Dienstboten, 1825.
Mitchell, John, Organisierte Arbeit (Übersetzung von Dr. Hermann Hasse), Dresden, Verlag Böhmert 1904.
Novicow, J., Das Problem des Elends, Verlag von Th. Thomas, Leipzig.
Ortloff, Andr., Vor- und Nachteile des Wanderns der Handwerksgesellen, 1798.
Ratzinger, Dr. Georg, Geschichte der kirchlichen Armenpflege, 2. Aufl., 1884.
Schanz, Georg, Zur Geschichte der deutschen Gesellenverbände im Mittelalter, Leipzig 1876.
— Zur Frage der Arbeitslosenversicherung, I., II. und III. Beitrag.
Schikowski, Dr. John, Arbeitslosigkeit und Arbeitslosenstatistik. Leipzig 1894.
Schriften des Freien Deutschen Hochstiftes, Arbeitslosigkeit und Arbeitsvermittlung in Industrie- und Handelsstädten, Berlin, Verlag von Otto Liebmann, 1894.
Schwarz, Johann, Das Handwerk der Bäcker in München, 1899.
Silbergleit, Dr., Beschäftigungsgrad und Arbeitsmarkt, 1908.
Szagunn, Heinrich, Die landwirtschaftlichen Verhältnisse in der Provinz Brandenburg im Jahre 1905, Berlin 1910, Verlag Puttkammer & Mühlbrecht.
Thornton. W. Thomas, Die Arbeit (Übersetzung von Schramm), Leipzig, Verlag von Klinkhardt, 1870.
Tröltsch und Hirschfeld, Die deutschen sozialdemokratischen Gewerkschaften, Berlin, Heymanns Verlag, 1905.
Waentig, Heinrich, Gewerbliche Mittelstandspolitik, Leipzig 1898.
Webb, S. und B., Theorie und Praxis der englischen Gewerkvereine, 1897.
Wolf, Julius, Arbeitslosigkeit und ihre Bekämpfung, 1895.

II.

Allgemeines Statistisches Archiv, herausgegeben von Georg von Mayr.
Die „Arbeiterversorgung" 1910.
Arbeitsmarkt, verschiedene Jahrgänge.
Beiträge zur Statistik des Königreichs Bayern, verschiedene Jahrgänge.
Bulletin des internationalen Statistischen Instituts.
Denkschrift des Kaiserl. Statistischen Amtes, betreffend die bestehenden Einrichtungen zur Versicherung gegen die Folgen der Arbeitslosigkeit, 1905.
Denkschrift der badischen Regierung über die Arbeitslosigkeit.
Jahrbücher für Nationalökonomie und Statistik, verschiedene Jahrgänge.
Jahresberichte der bayer. Fabriken- und Gewerbeinspektoren, verschiedene Jahrgänge.
Internationaler Kongreß über Arbeitslosigkeit in Paris 1910.

Mitteilungen des Statistischen Amtes der Stadt Nürnberg, Heft 1/1911.
Preußische Jahrbücher, einzelne Jahrgänge.
Revue internationale du chômage, Nr. 1, Paris 1911.
Schmollers Festschrift, einzelne Abhandlungen.
Statistische Monatsschrift, Juniheft 1910.
Soziale Praxis, verschiedene Jahrgänge,
Soziale Rundschau, verschiedene Jahrgänge.
Twenty-Third Annual Report of the Commissioner of Labor 1908 (U.-St.).
Verbandsversammlungen der Arbeitsnachweise in Deutschland.
Verbandsversammlungen bayer. Arbeitsnachweise.
Zeitschrift des Kgl. Bayer. Statist. Landesamtes 1869—1911.

Erstes Kapitel.
Arbeitslosigkeit.

Die Arbeitslosigkeit ist schon frühzeitig ein störendes Element des Wirtschaftslebens einzelner Völker gewesen. So haben sich bereits das alte Griechenland und das alte Rom mit dieser Frage beschäftigen müssen[1]. Die ältesten Gesetzbücher von Hellas aus dem 7. und 6. Jahrhundert v. Chr. bestraften bereits die verschuldete Arbeitslosigkeit. Schon im 5. Jahrhundert v. Chr. hatte man mit überschüssigen Bürgern zu rechnen; sie wurden in den eroberten Ländern als Bauern angesiedelt. Weiter ging Pericles in der Behandlung der beschäftigungslosen Bürger; zum Teil verwendete er sie bei seinen großartigen Staatsbauten, zum Teil alimentierte er sie auf Staatskosten. Diese letzte Maßregel wurde namentlich nach dem Tode des Pericles gepflegt. Auch in Rom stand die Ernährung des großstädtischen Pöbels auf Staatskosten an erster Stelle. Man wird wohl nicht fehlgehen in der Annahme, daß damals schon die Städte eine Anziehungskraft auf die übrige Bevölkerung ausgeübt haben[2].

Der Eintritt der christlichen Religion hatte eine gewisse Überbrückung der gesellschaftlichen Schichten zur Folge. Die außerordentliche Sorge dieser neuen Staatsreligion für die Armen, ihr ungewöhnlicher Einfluß auf die Herrschenden und die Beherrschten und ihre wirksame Vermittlung zwischen den einzelnen Gesellschaftsschichten haben viel dazu beigetragen, die Not der untersten Klassen soweit wie möglich zu mildern und soziale Ruhe und sozialen Frieden zu schaffen. Allerdings fehlte es auch damals nicht an Gestalten, die ohne jeden Arbeitswillen in der menschlichen Gesellschaft lebten und sich am allzeit reich gedeckten Tische der Kirche nährten. Die Zahl der Bettler schwoll im Laufe der weiteren Jahrhunderte allmählich so an, daß der Staat sich dieser Plage annehmen mußte. Und dieser löste das Problem nach seiner Auffassung, die eben in dem Geiste der damaligen Zeit wurzelte:

---

[1] Die nachstehenden kurzen geschichtlichen Angaben sind dem Handwörterbuch der Staatswissenschaften 3. Aufl. 1910 entnommen und zwar aus dem Artikel „Arbeitslosigkeit" und „Arbeitslosenversicherung".

[2] Vgl. Bücher Karl, Entstehung der Volkswirtschaft, Tübingen 1910, S. 443 f.

er verfolgte die arbeitsfähigen Bettler und trieb sie von einem Ort zum andern, sperrte sie ein, marterte sie und hängte sie zuletzt[1]. Daß nicht alle diese Tausende von Bettlern, die vom Staate so grausam behandelt worden sind, arbeitsscheu gewesen sein können und die Gesellschaft mit bewußter Absicht um die Gegenleistung haben betrügen wollen, das liegt auf der Hand. Die damalige Gesellschaft vermochte eben die Ursachen des ungeheuren Bettels nicht zu erkennen, sie war neben einer naiven Hilfsbereitschaft für außerordentliche Härte eingenommen und lebte in einer gewissen wirtschaftlichen Rückständigkeit, so daß die in ruhiger Entwicklung fortschreitende Bevölkerung nicht aufgenommen werden konnte. Dazu hatte das Mittelalter überall Schranken errichtet und die Bestimmung der eigenen Persönlichkeit stark eingeengt. Die Armen und Elenden selbst aber waren in einem derartigen Zustande innerlicher Haltlosigkeit, daß eine persönliche oder solidarische Aufraffung und Erkenntnis unmöglich war. Die vereinzelt auftretende Auflehnung der Gesellen im Elsaß, in Wien, Augsburg, richtete sich mehr gegen die Schranken des Gewerbes. Der Aufstand der Bettler in Paris war mehr ein Ausdruck der erlangten und bedrohten Macht, als ein Schrei der Entwürdigten; denn der Bettel schien ihnen lobenswert, weil er einträglich und leicht zu ertragen war. Sicher aber liegt allen diesen Erscheinungen die Tatsache zugrunde, daß ein großer Teil der damaligen Bevölkerung nicht beschäftigt werden konnte und mangels anderweitiger Unterhaltsmittel ein Parasit der Gesellschaft werden mußte; Arbeitslosigkeit war also schon damals als ein Ausdruck ungenügender wirtschaftlicher Einrichtungen uud mangelnder Vorsorge vorhanden, aber sie wurde nicht erkannt und nicht als das empfunden, was sie wirklich war; ihre Träger hüllten sich schnell in die zeitüblichen Gewänder.

Erst als durch den Eintritt der Manufaktur und der Fabrik in die bis dahin ruhig dahin fließende Erwerbswirtschaft freie Arbeiter in größerer Zahl zu vereinigter Arbeit sich zusammenfanden, erst als das Los gemeinsam Arbeitender ein gemeinsames wurde und als solches empfunden und besprochen wurde, vermochte die tiefere Erkenntnis zu reifen. Als in England durch die Einführung der Spinnmaschine und des mechanischen Webstuhles Tausende von Arbeitern brotlos wurden, da erkannten die Arbeiter, die nichts hatten als ihre Arbeitskraft und mit dieser sich ehrlich durchbringen wollten, ihre Lage; ausgezeichnete Männer der Wissenschaft und der Praxis, edle Menschenfreunde erstanden ihnen zu Helfern und Beratern. Das Urplötzliche der Not von vielen Tausenden

---

[1] Vgl. Ratzingers Geschichte der kirchlichen Armenpflege, 2. Aufl., Freiburg 1884.

auf einem engen Raume war es, was sie die Ursache der Arbeitslosigkeit und ihre Folgen erkennen ließ. Die Arbeitslosen sahen zum ersten Male gemeinsam die Ursache der Not, die sie einzeln still und stumpf ertragen hatten; sie wollten arbeiten und hatten nichts zu tun, sie sahen sich als Bettler und erschauerten und murrten. Verachtete Bettler sollten sie werden und nicht mehr für ihre Lebenserhaltung arbeiten dürfen, während die Produktion nicht nur nicht eingeschränkt, sondern sogar mächtig erweitert werden sollte durch Verbilligung der produzierten Ware. Die Maschine und der Fabrikarbeiter sollten ihre bisherige Arbeit besorgen. Ist es da ein Wunder, wenn solche Menschen in Massenempfindung zum ersten Male die Arbeitslosigkeit begriffen? Das ist wohl der eigentliche Beginn der Erkenntnis der Arbeitslosigkeit, weil sie hier erst dem Träger der Arbeit zum Bewußtsein kommt, weil hier der Arbeitslose bescheiden Arbeit und nicht Brot und nicht Spiele verlangt.

Die Arbeitslosigkeit, deren Geschichte leider noch Niemand völlig geschrieben hat, tritt uns also in gewissem Umfange schon sehr frühzeitig entgegen; sie durchzieht, allerdings in verschiedenen Gestalten, das ganze Mittelalter und schwillt mächtig an in der neueren Zeit. Erst mit der neueren Wirtschafts- und Geistesauffassung aber konnte die Erkenntnis der Arbeitslosigkeit bessere Fortschritte machen. Freilich ihrer Beseitigung setzen sich große Schwierigkeiten entgegen.

Das heutige Problem der Arbeitslosigkeit umschließt nur den arbeitslosen **Arbeitnehmer** (männlich und weiblich), **der fähig und gewillt ist,** zu arbeiten.

Es scheiden aus: die Kranken, Invaliden und alle anderen Erwerbsunfähigen; ferner auch diejenigen, welche sich erholen, welche die Arbeit freiwillig aussetzen und insbesondere die Arbeitsscheuen. Anders zu betrachten sind auch die Streikenden und Ausgesperrten. Nach allgemeiner Auffassung beschränkt sich der Begriff „Arbeitslosigkeit" auf die Arbeitnehmer. Der Arbeitgeber kommt für die Begriffsbestimmung nicht in Betracht, wenngleich heute mancher selbständige Gewerbetreibende schlechter daran ist, als ein großer Teil der Arbeiter. Aber nicht nur die Arbeiter allein, sondern auch die **Angestellten**, soweit sie eine den Arbeitern ähnliche Stellung einnehmen, sind inbegriffen. Die **weibliche** Arbeitslosigkeit freilich wird heute noch vielfach vernachlässigt; andererseits ist auch nicht zu leugnen, daß die arbeitslose Frau leichter sich ihr Fortkommen während der arbeitslosen Zeit verschaffen kann, da sie sich im eigenen oder fremden Haushalt nützlich machen, da sie schneller eine Nebenbeschäftigung ergreifen kann, da sie bescheidener zu leben vermag und da auch mancherlei Sorge für ihre Unterkunft getroffen ist (Anstalten, Heime). Nicht vergessen aber darf werden, daß die Frau im

Zustande der Arbeitslosigkeit nur zu leicht in eine gefährliche Abhängigkeit vom Manne geraten kann. Gerade deshalb darf heute, wo die Frau gezwungen wird, dem Verdienste nachzugehen, die Sorge für die arbeitslose Frau nicht außer acht gelassen werden. Die Grenzlinie zwischen wirklicher und scheinbarer Arbeitslosigkeit ist allerdings bei der Frau noch viel schwerer zu ziehen als beim Mann.

Neben diese Kennzeichnung des Arbeitslosen wird nun allerdings auch das Merkmal der **unverschuldeten** Arbeitslosigkeit gestellt. Gewiß soll derjenige, der seine Arbeit liederlich verrichtet, der sich der Ordnung nicht fügen will, der durch Trunk, Spiel, Streit oder schlechtes sittliches Verhalten sich hervortut, die Schuld für die aus seiner Handlungsweise sich ergebenden Konsequenzen selbst tragen müssen. Die Arbeitslosenunterstützung kann ihm ohne Bedenken verweigert werden, wie dies in solchen Fällen schon heute die meisten Arbeiterorganisationen tun. Aber es darf in dem Abscheu vor seinem Verhalten jedenfalls auch nicht zu weit gegangen werden. Auch solchen Menschen muß durch Rat und Zureden über die hereingebrochene Not weggeholfen werden; es muß ihnen vor allem wieder Arbeit verschafft werden, wenigstens solange als nicht ihr Zustand ein chronischer ist; denn dann müssen sie überhaupt aus der Zahl der vollwertigen Arbeiter ausgehoben werden, dann ist in anderer Weise für sie zu sorgen.

Ganz anders liegt der Fall, wenn der **Arbeiter selbst gekündigt** hat. Hier unter allen Umständen verschuldete Arbeitslosigkeit anzunehmen, hieße geradezu ungerecht sein. Die heutige Auffassung allerdings scheint in der Richtung sich zu bewegen, daß Selbstkündigung schon Selbstverschuldung ist[1]. Sehen wir nun einmal einige Gründe an, die den Arbeiter veranlassen können, selbst zu kündigen: Der Arbeitsraum taugt ihm nicht, die Mitarbeiter passen ihm nicht, die Arbeit sagt ihm nicht zu; er findet nicht das, was er gesucht hat: er will sich weiter ausbilden und findet monotone Arbeit vor, die ihn, da er noch strebt, für die Dauer nicht befriedigen kann; ein Vorgesetzter quält ihn. Das sind doch Dinge, die man sich leicht vorstellen kann und über welche die Psyche des Arbeiters, nicht aber irgend ein Bußparagraph zu befinden hat.

Oder aber er arbeitet bei schlechtem Lohn und will sich verbessern. Ist das an sich schon etwas Verwerfliches? Ich meine, daß auch dem Arbeiter das Recht zugestanden werden muß, seine Lage zu verbessern. Fragt vielleicht ein Kaufmann viel nach dem Wohle seines bisherigen Lieferanten, wenn ihm ein anderer Lieferant billiger liefert? Fragt vielleicht der

---

[1] Vgl. auch Mitteil. des Statist. Amtes in Nürnberg, Heft 1, 1911.

Industrielle viel darnach, ob er jemand verletzt, wenn er seine Produkte teurer verkaufen kann oder wenn er seine Konkurrenten vernichtet? Freilich darf das Gebahren des Arbeiters nicht ausarten, auch darf er die Rechte anderer und seine eigenen Pflichten dabei nicht verletzen[1]. Wenn man aber über jede freiwillige Arbeitslosigkeit den Stab bricht, so nimmt man Stellung gegen den freien Vertragsabschluß und gegen die Freizügigkeit, gegen zwei Rechte also, die sonst so hoch gehalten werden. Dem Arbeitnehmer muß so gut wie dem Arbeitgeber das Recht gewahrt werden, seine eigenen Interessen zu vertreten. Er kann dies aber nicht mehr, wenn er für jede aus seiner eigenen Entschließung hervorgehende Auflösung des Arbeitsvertrages büßen soll. Während der Arbeitgeber dem Arbeiter jederzeit kündigen, ja ihn in den meisten Fällen sogar sofort entlassen kann, aus persönlichen oder sachlichen Gründen, und damit keinerlei Schuld auf sich lädt, soll der andere vertragschließende Teil so lange gebunden sein, bis man ihm kundgibt, daß er gehen kann. Das ist ungleiches Recht und darf nicht zur Anwendung kommen. Dazu soll eventuell noch derjenige, der in seiner Verfügung frei und unverantwortlich ist, dem Unfreien bestätigen, ob dieser gezwungen oder freiwillig aus dem Arbeitsverhältnis ausgeschieden ist[2].

Meine Auffassung ist es daher, daß die Kündigung seitens des Arbeiters im allgemeinen noch keine selbstverschuldete Arbeitslosigkeit darstellt; besondere Fälle werden auszunehmen sein, so namentlich das leichtsinnige Stellenwechseln. Gegen dieses wird ein treffliches Heilmittel die achttägige Wartezeit bis zum Beginn des Bezuges der Arbeitslosenunterstützung sein. Sonst muß aber dem Arbeiter das Recht gewahrt sein, daß er günstigere Arbeitsbedingungen aufsuchen darf; es können nicht Einrichtungen getroffen werden, die auf die Besserstellung des Arbeiters abzielen und gleichzeitig ihn als minderwertig behandeln. Gerade das muß als sozial bezeichnet werden, daß alle Beteiligten in ihren Rechten und Pflichten einander möglichst nahe gebracht werden.

Die Beurteilung der verschuldeten Arbeitslosigkeit kann sachgemäß nur durch einen Ausschuß erfolgen, in dem auch die Arbeiter vertreten sind. Niemals aber wird dazu der Beamte allein tauglich sein. Die Organisationen der Arbeiter haben heute schon den Beweis geliefert, daß sie dieser Frage

---

[1] Georg von Mayr nennt mit Recht die freiwillige Arbeitslosigkeit eine wirtschaftlich rationelle, wenn ein Arbeitsverhältnis in sicherer Erwartung günstigerer Arbeitsbedingungen vom Arbeiter gekündigt wird. Vgl. Abhandlung „Die Arbeitslosen im Deutschen Reiche" im Handelsmuseum 1897, Bd. 12, Nr. 1 u. 2.

[2] Diese Forderung ist wiederholt schon erhoben worden bei der Erörterung der Einführung einer Arbeitslosenversicherung.

das richtige Verständnis entgegenbringen. Die meisten Organisationen sehen Entziehung der Unterstützung vor, wenn ein grobes Verschulden des Arbeiters vorliegt.

Neben der völligen Arbeitslosigkeit wird aber in der neueren Zeit auch der teilweisen Arbeitslosigkeit erhöhte Aufmerksamkeit geschenkt.

Vielfach wird es als zweckmäßig gelten können, die Arbeitslosigkeit Vieler durch die teilweise Arbeitslosigkeit Aller zu vermeiden. Sicher ist aber auch diese Erscheinung kein Ausdruck des normalen volkswirtschaftlichen Zustandes. Da die teilweise Arbeitslosigkeit aber nur dann, wenn sie chronisch wird, eine Gefahr für den Arbeiter in sich schließt, da sie heute noch von den Arbeitern in Erkenntnis der Solidarität gefordert wird und da sie meist immer noch mehr einbringt als die vorhandenen oder zukünftigen Arbeitslosenversicherungseinrichtungen gewähren können, so kann wohl die Versicherung gegen teilweise Arbeitslosigkeit einer späteren Zukunft überlassen werden, welche die gänzlich Arbeitslosen vor Hunger, Elend und Tod bewahrt hat[1]. Das hindert aber durchaus nicht, dieser Erscheinung heute schon die gebührende Aufmerksamkeit zu schenken und vor allem zu erkennen zu streben, ob nicht diese teilweise Arbeitslosigkeit so weit ausgedehnt ist, daß sie eine Gefahr für die Volkswirtschaft wie für die Beteiligten in sich schließt. Leicht könnte durch eine solche weit ausgedehnte teilweise Arbeitslosigkeit das Elend der Arbeitslosen verdeckt und leicht die Lebenshaltung ganzer Massen verschlechtert werden[2].

Nach solcher Kennzeichnung des Arbeitslosen ist zu fragen: warum ist denn eigentlich Arbeitslosigkeit da, wo halten sich die Arbeitslosen auf, wovon leben sie und was wird aus ihnen? Einige Ursachen der Arbeitslosigkeit sind oben schon gestreift. Im Altertum ist eine Hauptursache der Arbeitslosigkeit die Ansammlung der Menschen in Städten, die auch heute wieder stark hervortritt; dadurch entsteht ein Überfluß von Menschen, ein Markt von Menschenhänden, ein Markt mit allen seinen Schwankungen und Gefahren und Verlusten. Während aber auf dem Warenmarkte die Lagerungskosten meist verrechenbar sind, kann der Arbeiter, der sein eigener Unternehmer ist, für die Zeit der Arbeitslosigkeit in der Regel nichts in

---

[1] Auch das neue englische Versicherungsgesetz vom Dezember 1911 berücksichtigt die teilweise Arbeitslosigkeit nicht, ja es spornt geradezu zu der Maßnahme der Betriebseinschränkung ohne Arbeiterentlassung an, indem es bestimmt, daß den Unternehmern, welche während einer wirtschaftlichen Depression ihre Arbeiter nicht entlassen, sondern nur teilweise beschäftigen, sämtliche eingezahlten Beiträge zurückerstattet werden können. Ebenso werden allgemein die Beiträge des Unternehmers herabgesetzt, wenn er seine Arbeiter dauernd beschäftigt.

[2] Vgl. die Berichte von Silbergleit und Loria an die Internationale Konferenz in Paris 1910.

Anrechnung bringen, er kann seine Verluste (Vermögenseinbuße, Schulden, Entkräftung) nicht aufrechnen, ja er muß sogar, von Not gezwungen, seine Arbeitskraft um so billiger verkaufen, je länger er untätig auf dem Markte gestanden ist. Das ist eine Folge davon, daß die Arbeitskraft untrennbar ist von der Person des Verkäufers. In der neueren Zeit ist allerdings eine Besserstellung eingetreten durch die Arbeitervereinigungen, die gewissermaßen den Unternehmer der Arbeitskraft bis zum Eintritt in das Arbeitsverhältnis darstellen und dadurch einen Ausgleich des Einzelrisikos herbeiführen. Sie gewähren ferner dem Beschäftigungslosen Unterhalt, so lange er keine Arbeit findet oder so lange er nicht den von der Organisation festgesetzten Normallohn erhält.

Eine ganz andere Entstehung der Arbeitslosigkeit beginnt mit der neuen Zeit. Tausende von Menschen arbeiten heute noch mit ihrem Werkzeuge, stolz auf ihre Arbeit und ihre eigene Kraft, und morgen schon stehen sie ohne Arbeit und ohne Verdienst dem Elend preisgegeben da. Die Maschine verdrängte die Menschen. Allmählich glich sich dieser Prozeß aus; aber die Maschinen produzierten riesige Mengen, ohne daß immer die Möglichkeit gegeben war, diese Waren auch abzusetzen. Die Massenproduktion wandte sich auch vielfach Waren zu, die von der Mode abhängig waren. Die Märkte waren übersättigt, die launische Mode kehrte sich einem anderen Gegenstande zu und nun standen die Erben der ersten Arbeitslosen unter dem gleichen vernichtenden Eindruck; ein Glück für sie war es, daß tüchtige, verständige Männer ihnen zur Seite standen und daß auch die Regierungen und die besseren Unternehmer an der Linderung der Not mithalfen. Die Not der Seidenarbeiter in der Schweiz[1] und der Glasarbeiter in Österreich[2] im vorletzten Dezennium des 18. Jahrhunderts sind klassische Beispiele dafür.

Mit der Einführung einer riesenhaften Technik, die das ganze Wirtschaftsleben umgestaltete, mit der immer stärker sich ausbreitenden Arbeitsteilung bildete sich ein ganz neuer Menschenschlag, der seine eigenen Wege wandelte, da ihm das Aufsteigen zur Selbständigkeit, wie es früher dem Gesellen noch möglich war, fast ganz fehlte.

Die Eröffnung des Weltmarktes, die mächtig anschwellende Bevölkerung und ihre Konzentration in den Großstädten, die Organisationen der Arbeiter, die Arbeitskämpfe, die Aufrüttelung der Massen zur Teilnahme an der Herrschaft, alle diese Dinge stürmten auf die Menschheit ein, die trotz viel-

---

[1] Dr. F. Mangold, Denkschrift über die Entwicklung der staatlichen Arbeitslosenfürsorge im Kanton Basel-Stadt, Basel 1906.
[2] Heinrich Waentig, Gewerbliche Mittelstandspolitik, Leipzig 1898, S. 39.

facher edler Bemühungen der ganz ungewöhnlichen Situation nicht gewachsen war. Neue Gespenster waren am Horizonte der Kultur erschienen und drohten nicht nur den unteren Klassen, sondern auch den Unternehmern, dem Staate selbst und der Menschheit. Krisen kamen und schwanden; ja man hatte sich im 19. Jahrhundert allmählich daran gewöhnt, sie als eine neue Geißel der Menschheit periodisch zu erwarten. Glücklicherweise will man heute auch gegen ihren Stachel löcken. Ist es da ein Wunder, wenn viele Probleme der Menschheit und Kultur noch nicht gelöst sind neben vielen anderen, die man bereits mit glücklicher, energischer Hand überwunden hat?

Eine andere Ursache der Arbeitslosigkeit liegt sicher in der immer mehr zunehmenden Frauenbeschäftigung. 1882 wurden in Deutschland $5^{1}/_{2}$ Millionen, 1895: $6^{1}/_{2}$ Millionen und 1907: $9^{1}/_{2}$ Millionen erwerbstätiger Frauen gezählt, somit betrug die Zunahme von 1892 auf 1895 rund 1 Million = 19 %, von 1895 auf 1907 aber fast 3 Millionen = 44 % Die Zahl der erwerbstätigen Frauen ist also 1907 fast nochmals so groß gewesen als 25 Jahre vorher. Die Entwicklung der Männerarbeit war folgende: $13^{1}/_{3}$, $15^{1}/_{2}$, $18^{1}/_{2}$ Millionen. Die erwerbenden Frauen machten also 1882 etwas mehr als ein Viertel aller Erwerbstätigen aus, während ihr Anteil 1907 nahezu ein Drittel betrug.

Es ist ferner das Problem der Arbeitslosigkeit in engere Verbindung gebracht worden mit der überaus starken Vermehrung der Bevölkerung; man will die starke Bevölkerung als eine Hauptursache der Arbeitslosigkeit betrachten. Gewiß mögen mit zunehmender Bevölkerung die Schwierigkeiten des Arbeitsproblemes wachsen, ebenso wird auch die Masse der jeweils außer Arbeit Stehenden absolut größer werden. Wenn jemand aus der Zeit, da man noch auf Bestellung arbeitete, ins Leben zurückgerufen unsere gewaltigen Warenlager sähe, dann wüßte er wohl auch nicht, wie er das verstehen sollte. Der heutigen Generation erscheint das als selbstverständlich. Eine andere Frage ist es, wie es mit der relativen Größe der Zahl der Feiernden steht. Diese allein ist maßgebend dafür, ob normale oder anormale Verhältnisse vorliegen. Für eine normale Zahl von Arbeitslosen aber muß eine gesund vorwärtsschreitende Bevölkerung sorgen können; sie wird dies leichter können als eine stillstehende. Wenn die Anschauung, daß eine starke Bevölkerung viel Elend mit sich bringe, richtig wäre, so müßten diejenigen Völker, die eine schwache Bevölkerung haben, kein oder nur wenig Elend haben; es ist aber fast die entgegengesetzte Tendenz festzustellen, vorausgesetzt, daß nur Staaten mit ähnlicher Kultur verglichen werden. Beim Durchlesen der Berichte, die aus den einzelnen Staaten an die Internationale Konferenz über Arbeitslosigkeit in Paris im September 1910 gemacht worden sind, wird man sofort belehrt, daß das Problem der Arbeitslosigkeit und ihres Elends in allen Ländern auftritt; auch in solchen Ländern, welche sicherlich an keiner starken Bevölkerung leiden, ja sogar dort, wo die Bevölkerung zurückgeht, wird über Arbeitslosigkeit geklagt.

Im Zusammenhange mit der Arbeitslosigkeit steht auch die Beschäftigung von Ausländern. Ich meine hier nicht den normalen Austausch von Arbeitskräften unter den Nationen, der gewöhnlich von selbst erfolgt, sondern ich meine die übermäßige Beschäftigung von Ausländern, insbesondere die künstliche Importierung. Die schlimmste Art dieser Einführung ist wohl dann gegeben, wenn die Rückständigkeit fremder Arbeiter in Kultur und Lebensbedürfnissen dazu benützt wird, um die heimischen Arbeiter beiseite zu stellen [1]. Gewiß gibt es Fälle, wo die Frage der Beschaffung von geeigneten ausländischen Kräften höchst akut werden kann. Ich erinnere nur an die Landflucht in Deutschland und die damit zusammenhängende Leutenot auf dem Lande. Wenn aber gleichzeitig in den Städten und in den Industriebezirken infolge irrtümlicher Wanderungen große Massen von Arbeitslosen sich ansammeln und nach Arbeit rufen, dann meine ich, werden es keine normalen Zustände mehr sein. Die nationale Arbeit muß auch, sofern dies möglich ist, von den nationalen Arbeitern verrichtet werden. Es erscheint mir wenigstens nicht richtig, an dem einen Orte Tausende von Arbeitern hungern zu sehen, oder sie mit einer geringen Arbeitslosenunterstützung auszustatten und an einem anderen Orte zuzusehen, wie die nationale Produktion Schaden leidet. Die Beschäftigung von zu viel Ausländern kann also im weiteren Verlaufe sehr wohl zu einer Ursache der Arbeitslosigkeit werden [2]. Auf alle Fälle ist auch diesem Problem die sorgfältigste Aufmerksamkeit zu schenken.

Außer diesen wirtschaftlichen Ursachen gibt es aber auch noch persönliche Ursachen und zwar sowohl in der Person des Arbeiters selbst, wie in der Person des Unternehmers. Die in der Person des Arbeiters selbst liegenden Ursachen sind oben schon größtenteils berührt worden; dabei wurde die Person des Arbeitsscheuen ausgeschieden und das Maß der durch eigene Kündigung verschuldeten Arbeitslosigkeit verkleinert. Eine andere Ursache schaffen die Arbeiter vielfach

---

[1] Freilich verstehen es die fremden Arbeiter gar bald, die im Lande üblichen Löhne zu verlangen, so daß die Freude einer geringeren Lohnzahlung meist recht bald aufhört. Aber der Fremde ist nun einmal da, er hat vielleicht noch sonst einige passende Eigenschaften und wird behalten, obwohl gar kein Gewinn mit ihm zu machen ist.
[2] Vgl. H.W.St W. 3. Aufl. 3. Bd. Art. Einwanderung von Waltershausen S. 775.

ebenfalls selbst mit ihrem Zug in die Stadt, wo sie ein besseres Fortkommen erhoffen, und mit ihrem Drang nach Gelegenheitsarbeit. Nach einigen neuesten Untersuchungen sind es gerade tüchtige Menschen, die vom Lande abwandern [1]. Oft genug ziehen sie aber fort, ohne sich zu vergewissern, ob sie ihr Glück auch finden können; dies liegt zum Teil in der Psyche des Menschen, zum Teil aber in dem Mangel der Einrichtungen, die in dieser Angelegenheit ordnend und beratend den Stürmenden zur Seite stehen sollten. Der Drang nach Gelegenheitsarbeit aber, die vielfach gut bezahlt ist, hat seine Ursache in der immer sich mehrenden Fülle dieser Arbeiten, in der unregelmäßigen Beschäftigung während der Zeit der Arbeitslosigkeit, in der Abneigung gegen das tägliche Einerlei der Fabrikarbeit und der oft bis zur Fabrikarbeit herabgewürdigten erlernten Berufsarbeit und in der Masse der ungelernten Arbeiter.

Zur persönlichen Schuld des Arbeiters gesellt sich aber auch noch die Schuld des Unternehmers. Freilich reiht man diese Schuld meistens unter die wirtschaftlichen Ursachen ein, aber sehr mit Unrecht. Es ist kein Geheimnis, daß auch sehr minderwertige Unternehmer da sind, denen weder das Wohl oder Wehe der Arbeiter, noch das Wohl der Gesellschaft am Herzen liegt. Was kümmert es solche Unternehmer, wenn sie ihre Leute oft willkürlich einstellen und entlassen, wenn sie schlechte Werkstätten für die Arbeiter bereit stellen; sie suchen eben in allem nur ihren Vorteil zu wahren [2].

---

[1] Vgl. die Arbeit von Georg Ernst, Die ländlichen Arbeitsverhältnisse im rechtsrheinischen Bayern 1907, Verlag der Zentralstelle der christl. Bauernvereine Bayerns in Regensburg. In dieser Arbeit, die sich auf zwei Enqueten stützt, ist gesagt, daß gerade die strebsameren und lebhafteren Elemente von der Landwirtschaft sich abwenden (S. 36). Dort sind auch die Ursachen genügend geschildert. — Eine Arbeit von Dr. Stanislaus von Hupka über die Entwicklung der westgalizischen Dorfzustände in der zweiten Hälfte des 19. Jahrhunderts (besprochen in der Statistischen Monatsschrift, November-Dezemberheft 1911) weist darauf hin, daß gerade die tüchtigsten Dorfelemente auswandern und daß auf dem Lande nur die weniger geschickten und weniger arbeitslustigen erwachsenen Landlosen zurückbleiben. — Auch in der Schrift „Die landwirtschaftlichen Arbeitsverhältnisse in der Provinz Brandenburg im Jahre 1905" von Heinrich Szagunn, Berlin 1910, Verlag von Puttkammer & Mühlbrecht, ist geklagt über die Minderwertigkeit vieler Landarbeiter.

[2] Wenn freilich manche Unternehmungen dadurch brachgelegt werden, daß die Kapitalbesitzer ihr Kapital arbeitslos liegen oder in merkwürdigen Einrichtungen arbeiten lassen, blos weil einige Mark Zinsen mehr zu erhalten sind, und dadurch, daß die Öffentlichkeit zu wenig entgegenkommt, so liegen wirtschaftliche Ursachen vor, die bei verständnisvollem Zusammenwirken wohl auch oft zu mildern wären. Ohne wagemutigen Unternehmer läßt sich ein Vorwärtskommen nicht erreichen. Oder soll etwa das Beispiel Frankreichs nachgeahmt werden, wo nach dem Urteile hervorragender Kenner das Rentnertum zum Schaden der aktiven Unternehmerbetätigung im Zunehmen begriffen ist?

Für das Aufsuchen des Standortes des Arbeitslosen ergibt sich schon aus dem vorher Gesagten, daß fast alle Völker, die kulturell fortgeschritten sind, über Arbeitslosigkeit zu klagen haben. Ob sie alle mit gleichen Augen die Arbeitslosen und ihr Problem betrachten, ob die Betrachtungen richtig sind, das kann ohne weiteres nicht aufgeklärt werden. Interessant ist aber immerhin, daß dem Problem der Arbeitslosigkeit überall Aufmerksamkeit geschenkt wird. Es läßt sich also aus der Tatsache, daß überall geklagt wird, schließen, daß die Arbeitslosigkeit eine notwendige Erscheinung ist; damit hätte man vielleicht schon etwas gewonnen, nämlich die Erkenntnis, daß für die Folgen der Arbeitslosigkeit, die ja mannigfaltig und oft sehr grausam sind, die Allgemeinheit aufkommen muß. Denn ein notwendiges Übel muß auch notwendig Gegenstand einer dauernden Fürsorge sein.

Dieses Übel tritt aber nicht überall in gleicher Weise auf und kann deshalb auch nicht in gleicher Weise bekämpft werden. Denn es ist sowohl in der Zusammensetzung der Masse der Arbeitslosen, als auch in den Möglichkeiten der Fürsorge in den verschiedenen Ländern, ja sogar innerhalb eines einzelnen Landes, jedenfalls ein großer Unterschied festzustellen. Diese Unterschiede nicht beachten, hieße ganz einfach etwas Planloses beginnen. Man vergleiche einmal Neuseeland und Deutschland; dort noch Neuland, das trotz seiner Fruchtbarkeit größtenteils noch nicht bebaut, ja noch nicht einmal ganz aufgeteilt ist, und das vielleicht noch nicht den 30. Teil der Bevölkerung hat, die es leicht ernähren kann; hier ein seit vielen Jahrhunderten fast in gleichem Umfange bebautes Land mit einer ziemlich starken Bevölkerung. Beide haben arbeitslose Menschen; ob ihre Zahl aber in beiden Ländern normal ist, kann nicht behauptet werden, abgesehen davon, daß überhaupt die Bestimmung des Normalen schwierig ist. Daß die Masse dieser Menschen ganz verschiedenartig zusammengesetzt ist und daß die Mittel der Bekämpfung des Übels ganz verschieden sein müssen, ist ohne weiteres klar. Und daß wirklich auch verschiedene Mittel angewendet oder wenigstens vorgeschlagen werden, ist am besten aus den der letzten Konferenz über Arbeitslosigkeit in Paris 1910 vorgelegten Berichten ersichtlich.

Sieht man von dieser Verteilung der Arbeitslosen nach den einzelnen Ländern ab, so tritt der Unterschied von Stadt und Land scharf hervor. Es kann nicht befremden, daß dort, wo viele Menschen ohne besondere Einsicht zusammen-

(Bertillon Jacques „la dépopulation de la France", Paris 1911, Librairie Felix Alcan). Oder soll der Staat, dies Zauberbild für Viele, die sich immer noch mehren, ganz an seine Stelle treten? Ist wirklich an eine solche Zauberkraft des Staates zu glauben, wenn jeder Zauber aus den Einzelnen, die den Staat füllen, gewichen ist?

strömen, auch die Gefahr der Nichtbeschäftigung größer ist. Schon der mit der Größe der Zahl der Unternehmungen und der Arbeiter fortschreitende Arbeiterwechsel bedingt größere vorübergehende Nichtbeschäftigung. Überangebot und Stockungen in der Produktion, Unfähigkeit oder Scheu der Ortsveränderung bei den Beschäftigungslosen, Verlegung von Industrien und andere Ursachen schaffen dort, wo an sich die Beschäftigungsmöglichkeiten bedeutend größer sind als auf dem Lande, eine manchmal übergroße Arbeitslosigkeit. Daß in der Stadt, wo sich jede einzelne Wirtschaft als reine Geldwirtschaft darstellt, die Folgen der Arbeitslosigkeit auch viel rascher und empfindlicher sich einfinden, ist wohl ebenso wahr. Ebenso ist der Altersaufbau der Bevölkerung, die fortwährend von erwachsenen Menschen ergänzt wird, zu berücksichtigen. Die Stadt ist ferner ein Zufluchtsort von Saisonarbeitern, ein Eldorado vieler Dunkelexistenzen, die untertauchen wollen, und endlich auch der Ort, den viele zur weiteren theoretischen und praktischen Ausbildung aufsuchen. Ist es da zu verwundern, wenn es Arbeitslose gibt und wenn es manchmal sogar sehr viele gibt? Und das Streben der Städte selbst, immer größer und größer zu werden, und ihre Einrichtungen, die gewissermaßen eine Verallgemeinerung der Genüsse darstellen[1], geben allen diesen Dingen immer neue Nahrung.

Wohl gibt es auch auf dem Lande Arbeitslose, namentlich im Winter, seitdem die Landwirtschaft, wesentlich gezwungen durch den Arbeitermangel, zur Einführung der Maschinen und damit zur Abkürzung der Betriebszeit übergegangen ist. Aber die Masse dieser Arbeitslosen ist grundverschieden von derjenigen der Industrie und der Städte; die Folgen der Arbeitslosigkeit sind meist ganz andere, da vielfach noch Naturalwirtschaft herrscht. Anderseits darf nicht unerwähnt bleiben, daß nicht alle auf dem Lande arbeitslos Werdenden auch dort bleiben. Viele Landleute ziehen fort in die Städte oder in die Industriebezirke, weil sie auf dem Lande nicht hinreichende Beschäftigung finden. Viele Arbeiter, die während der guten Zeit auf dem Lande beschäftigt waren, wandern zurück in die Städte zu einer Zeit, wo dort ebenfalls die Beschäftigungsmöglichkeiten geringer sind. Im großen und ganzen aber ist abgesehen von den ländlichen Gegenden, wo eine starke Hausindustrie herrscht und wo diese die Haupterragsquelle bildet, das Problem der Arbeitslosigkeit ein städtisches Problem, und vor allem ein **großstädtisches**[2].

Wieder anders zu beurteilen ist die Masse der **auf der**

---

[1] J. Novicow, Das Problem des Elends, Verlag von Theod. Thomas in Leipzig.
[2] Daß auch innerhalb der Großstädte Krankheit wie Arbeitslosigkeit verschieden groß sind, zeigt Tab. V.

Wanderschaft befindlichen Arbeitslosen und der ortsansässigen Arbeitslosen. Jene besteht zu einem großen Teile aus Menschen, die mehr vagabundieren als nach Arbeit suchen. Für sie ist Beschaffung von nützlicher Arbeit, wie dies heute schon vielfach eingeführt ist, die beste Lösung. Der wandernde Arbeiter aber, der wirklich wegen Mangel an Arbeit seinen bisherigen Aufenthaltsort verlassen hat, um anderswo Beschäftigung zu suchen, muß ebenso unterstützt werden wie der am Orte verbleibende Arbeiter.

Was nun die **zeitliche** Verteilung der Arbeitslosen anlangt, so ist namentlich für die neuere Zeit festzustellen, daß Arbeitslosigkeit auch dann herrscht, wenn anderswo Arbeitermangel ist, daß sie das ganze Jahr hindurch herrscht, daß sie aber erfahrungsgemäß im Winter am größten ist. Dies letztere ist keineswegs als etwas besonderes aufzufassen, sondern als eine Folge des Hinzutrittes der widrigen Naturverhältnisse zu den anderen Ursachen der Arbeitslosigkeit. Es sei nur an die Landwirtschaft, an das Baugewerbe, an das Verkehrsgewerbe und an die Schiffahrt erinnert, um zu verstehen, daß die Hunderttausende, die dort während der schlechten Jahreszeit überflüssig werden, nicht auf einmal von den anderen Gewerben aufgenommen werden können. Berücksichtigt man ferner noch die Rückwirkung des Stillstandes oder des verminderten Betriebes der genannten Gewerbe auf andere Gewerbe, so wird es klar sein, daß hier natürliche Störungen vorliegen.

Neben dieser Wintererscheinung gibt es aber fast für jedes Gewerbe gewisse Zeiten im Jahre, wo verminderte Beschäftigung herrscht, die auch auf ganz natürliche Weise zu erklären ist. So kann es z. B. bei der Spielwarenindustrie nicht besonders auffallen, daß gerade dann, wenn Zeiten nahen, die besonders empfänglich sind für dieses Gewerbe, so z. B. Weihnachten, ein besonders hoher Grad von Beschäftigung vorhanden ist, während nachher eine gewisse Ruhe eintritt. Verschiedene Versuche, hier einen Ausgleich zu schaffen, sind schon gemacht worden, so das Übereinkommen zwischen den Abnehmern und den Fabrikanten, sich über die gewünschten Waren rechtzeitig zu verständigen; und es ist nur zu wünschen, daß auch in anderen Industrien dieser Frage mehr Aufmerksamkeit geschenkt wird. Auch im Buchdruckgewerbe muß es natürlich erscheinen, daß dann, wenn die Geister von den Anstrengungen ausruhen und sich die Welt beschauen, das Gewerbe seine Ruhezeit hat. Ebenso ist es ganz klar, daß hin und wieder von jedem Gewerbe zu ganz verschiedenen Zeiten eine stärkere Anspannung verlangt wird und daß dann in gleicher Weise ein Abflauen folgt; das sind Dinge, die schwerlich zu beseitigen sind. Sobald aber diese Dinge nur einmal völlig erkannt sind, werden sich auch Mittel und Wege finden lassen, diese Schwankungen im Beschäftigungsgrade auszugleichen.

Ich komme weiter zu der Frage, wovon denn diese Menschen, die meist nichts ihr Eigentum nennen als ihre Arbeitskraft, in der Zeit der Arbeitslosigkeit leben, die für die meisten auch ein Stillstehen jeglicher Einkommensquelle bedeutet. Nur zu oft hört man die Antwort, daß der Arbeiter während der Zeit des Verdienstes sparen solle. Gewiß könnte nun mancher Arbeiter überhaupt oder mehr sparen, aber zum Sparen gehören zwei Dinge: erstens einmal ein Einkommen, das über die Befriedigung der zu einer gegebenen Kulturzeit notwendigsten Bedürfnisse hinausgeht, und zweitens ein Sparsinn, der für gewöhnlich nicht aus dem Einzelnen allein geboren wird, sondern ausfließt aus einer verständigen, ernsten Allgemeinbildung, einem gerecht geordneten Staatswesen und der Möglichkeit und der Liebe zur Ordnung der einzelnen Haushalte. Gewiß sind dank den rastlosen Bemühungen der Arbeiter selbst, der freundlichen Haltung vieler Arbeitgeber und dem lebhaften Verständnisse der Allgemeinheit die Arbeitslöhne in den letzten Jahrzehnten fast überall ganz bedeutend in die Höhe gegangen und zwar für alle Schichten der Arbeiter; und wenn auch die Preise der Lebensmittel und der anderen Waren und Bedürfnisse vielfach mitgestiegen sind, so ist doch ganz sicher auch noch etwas übrig geblieben, die Lebenshaltung der Arbeiterschaft zu heben. Die Anforderungen an das Existenzminimum sind aber heute ganz andere geworden, das sehen wir besonders bei der Armenpflege, und namentlich bei der städtischen Armenpflege. Bei der Würdigung des Jahreseinkommens darf nicht übersehen werden, daß nur das wirkliche Jahreseinkommen und nicht, wie es heute so oft geschieht, ein errechnetes Jahreseinkommen in Ansatz kommt. Der vollen Einnahme an Tag- und Wochenlohn erstehen viele Feinde in Krankheit, in Feiertagen, in Arbeitslosigkeit und Witterungsverhältnissen, die das Einkommen oft ganz außerordentlich schmälern. Daher kann nur der tatsächlich bezogene Lohn in Betracht kommen. Ferner muß berücksichtigt werden, daß dauernd Aufwendungen gemacht werden müssen für soziale Zwecke, die ja auch einen gewissen Sparcharakter tragen, und für Organisationszwecke, in denen wiederum manches Sparelement liegt, daß die Steuern immer mehr sich ausdehnen und in die Höhe gehen; kurzum es ist auch das Arbeitseinkommen heute stark belastet.

Betrachten wir einmal ein Einkommen, das sich aus Löhnen zusammensetzt, die heute gut und gerecht erscheinen. Ein Mann verdient täglich 5 Mark, — damit ist schon in die Mitte der Arbeiterschaft hineingegriffen —, das sind wöchentlich

30 Mark und jährlich 1560 Mark, wenn alles glatt geht[1]. Der Mann hat eine Familie mit vier Kindern, so daß sechs Köpfe von seinem Verdienste zehren müssen. Nach Abzug der meist notwendigen Ausgaben des Verkehrs, ferner der Ausgaben für Sozialversicherung und Organisation und unter der Annahme, daß dieser Mann alle seine Hauptmahlzeiten zu Hause einnehmen kann, so daß nur die Zwischenmahlzeiten kleinere Aufwendungen verursachen, und vorausgesetzt, daß dieser Mann nüchtern ist, bleiben ihm für Ernährung, Wohnung, Kleidung, Wäsche und alle anderen Notwendigkeiten für sechs Köpfe wöchentlich ungefähr 25 Mark; dabei sind die drei ersten Ausgaben mit je 1 Mark berechnet und die letzte mit 2 Mark. Für den Monat verbleiben ihm also ungefähr 110 Mark. Von diesen 110 Mark gehen für Wohnung mindestens 30 Mark weg, so daß noch 80 Mark bleiben für alle anderen Bedürfnisse. Wenn nun von diesem Manne und seiner Frau verlangt wird, daß sie ihren Haushalt in Ordnung halten und auf Ernährung und Erziehung der Kinder Wert legen, was doch ihre bestimmungsgemäße Pflicht ist, so wird es klar werden, daß damit nüchterne und bescheidene Leute zwar auskommen, aber sich nichts ersparen können. Oder soll etwa, wie es ja so gerne geschieht, gefordert werden, daß auch die Frau dem Verdienste nachgeht und ihren Haushalt vernachlässigt? Da aber eine ordentliche Familie betrachtet werden soll, so muß man auch der häuslichen Arbeit der Frau gerecht werden. Und was eine tüchtige Frau im Hause leistet, ist mehr wert, als sie unter den besten Bedingungen außerhalb des Hauses verdienen kann; auch arbeitet sie zu Hause nicht nur für die Einzelwirtschaft, sie arbeitet ebensogut für die Volkswirtschaft.

Selbst für diese tüchtige Familie, die unter den besten Verhältnissen betrachtet wird, ist also ein Sparen wohl nicht leicht möglich. Was wird aber aus dieser Familie, wenn der Mann längere Zeit krank oder arbeitslos ist und ebensolange nur einen Teil seines früheren Einkommens bezieht?

Wie aber steht es mit den anderen Arbeitern, die viel weniger verdienen, die mehr als einmal im Jahre unter gekürzten Wochenlöhnen arbeiten, die vielleicht nicht diese Ordnung in allen Dingen, die nicht diese bescheidene Lebensauffassung haben, sondern die notwendigsten Ausgaben noch um überflüssige vermehren? Wie sollen diese noch etwas sparen? Gewiß kann ein Teil der Arbeiter sparen und tut es auch, aber diese Glücklichen sind in der Minderzahl oder von

---

[1] Dr. William Scharling berechnete schon in den 80er Jahren des vorigen Jahrhunderts nach sorgfältigen Erhebungen über die notwendigen Ausgaben einer Arbeiterfamilie in Kopenhagen für eine Familie von fünf Köpfen zum dürftigen aber hinlänglichen Unterhalt ein Einkommen von 1230 Kr. = 1383 M. Vgl. Bulletin des Internat. Statist. Instituts Tome VI, 1891, S. 199.

Pflichten gegen andere frei; hier interessiert die Masse und darunter besonders diejenigen, die noch Pflichten erfüllen gegen andere und gegen den Staat. Und indem sie diese Pflichten nicht erfüllen können, leiden sie ganz besonders, leidet die Allgemeinheit. Gar manche brave Familie, der Gesundheit, Arbeit und Ordnung ihr alles war, hat diese ihre Güter verloren und kommt gebrochen zur Armenpflege, ein Opfer der Verhältnisse, die man nicht rechtzeitig erkannt hat. Das sind die besseren, die noch den Mut haben zu hungern und zu leiden, bis sie nicht mehr können. Die anderen aber, die stärker am Genusse hängen, bringen ihre Mitmenschen ums Geld, belästigen sie auf alle Weise, stehlen und fallen allen Lastern in die Hände, bis sie im Gefängnis landen und die Allgemeinheit auch für sie sorgen muß. Doch wozu das schildern? Hervorragende Männer haben diese Leiden und Gefahren der Arbeitslosigkeit viel besser und eindringlicher geschildert[1]. Die bekannten Zahlen der Armenpflege und der Kriminalstatistik sprechen eine deutliche Sprache, und wer hören will und sehen will, kann jeden Tag seine eigenen neuen Wahrnehmungen machen.

Es erübrigte sich noch die Frage nach dem Zustand und dem Verhalten der Arbeitslosen; aber es ergibt sich schon aus dem Vorstehenden, daß der Arbeitslose nicht an einem Tage gestaltet wird, sondern daß er das Produkt eines schweren Kampfes ist, eines Kampfes, von dem wohl viele Menschen keine Ahnung haben. Es ist leicht über einen in Unordnung Geratenen sich lustig und ihn verächtlich zu machen, ihm Menschenwürde abzusprechen und ihn für gesellschaftsunfähig zu erachten, aber es ist eine schreiende Ungerechtigkeit, nur den allmählich erst Gewordenen und nicht den Werdenden zu betrachten. Wenn Manche über den Arbeitslosen sich nicht besonders günstig aussprechen, so ist wohl nicht anzunehmen, daß solche Beurteiler mit dem richtigen Ernst und der inneren Liebe, die nun einmal zum gesellschaftlichen Leben notwendig ist, an die Bewertung dieser Menschen herangegangen sind; oder sie haben Menschen betrachtet, die nicht in unser Gebiet gehören. Auch das ist schon behauptet worden, daß die Arbeitslosen selbst an ihrer Lage schuld seien oder daß auch die Arbeiter ihr eigenes Risiko zu tragen haben und daß die Armenpflege ja so für alle möglichen Menschen sorgen müsse; gewiß es ist schon viel getan worden und gerade von der Armenpflege vielleicht in manchen Fällen schon zu viel; gewiß müssen auch die Arbeiter mithelfen an der Lösung dieser Frage, aber allein

---

[1] Schanz, Adler und andere; eindringlich und überzeugend hat neuerdings Lloyd George in einem Artikel „Sozialreform" in der Münchener Halbmonatsschrift „Der Staatsbürger" Nr. 15/16 von 1911 die Not der Arbeitslosen und die Notwendigkeit der Abhilfe geschildert.

können sie es nicht, denn sonst hätten sie es sicher schon getan; darum muß die ganze Gesellschaft zusammen helfen, um dieses Elend der Arbeitslosigkeit zu lindern und jedem Menschen die Ausnützung seiner Arbeitskraft in weitestem Maße zu ermöglichen.

Mit den vorstehenden Erörterungen ist die Bedeutung der Arbeitslosigkeit freilich noch lange nicht erschöpft. So können die Beziehungen zwischen Arbeitermangel und Arbeitslosigkeit nicht in ihrer vollen Bedeutung erkannt werden, so lange nicht Einrichtungen geschaffen sind, die einen Ausgleich in besserer Form ermöglichen, als dies heute der Fall ist, und so lange der Umfang dieser beiden Übel nicht näher bekannt ist; ebenso steht es mit der Beschaffung von ausländischen Arbeitskräften. Diese Wertungen der Arbeitslosigkeit werden also erst vorgenommen werden können, wenn die Arbeitslosenstatistik und ein zentralisierter Arbeitsnachweis ihre Schuldigkeit getan haben. Ebenso wird eine andere bedeutungsvolle Frage, ob der Arbeitslose jede Arbeit annehmen und ob er zu jedem Lohne arbeiten muß, ihre Lösung erst finden können im zentralisierten Arbeitsnachweis und in seiner Ergänzung, der Arbeitslosenversicherung. Genau so steht es mit anderen Fragen: z. B. mit der Berufsfrage, der Abwendung vom Berufe, mit der Ortsveränderung. Wieder andere Fragen bedürfen einer besonderen Fürsorge, so die in Krisenzeiten eintretende Arbeitslosigkeit; hier hat vor allem die Beschaffung von Arbeit in Betracht zu kommen, so besonders die Bereitstellung von großen Arbeiten.

Über die Größe der Arbeitslosenmasse, über die qualitative Differenzierung und über ihre besondere räumliche und zeitliche Verteilung kann erst näheres gesagt werden, wenn eine über ein ganzes Land sich erstreckende und nach wissenschaftlichen Prinzipien durchgeführte Statistik der Arbeitslosen vorhanden ist. Eine solche ist aber für die Neuzeit für Deutschland nicht vorhanden, andere Länder haben sich meist noch weniger damit befaßt. Erst aus einer guten Arbeitslosenstatistik werden sich Einblicke in die Struktur der Arbeitslosenmasse eröffnen, die heute gar nicht möglich sind. Wohl sind in Deutschland in einigen Städten schon seit einer Reihe von Jahren periodische direkte Erhebungen über die Arbeitslosigkeit gemacht worden; aber diese Erhebungen besitzen hauptsächlich nur örtlichen Wert, während diese Untersuchung mit der Arbeitslosigkeit eines ganzen Landes, vor allem Deutschlands, sich beschäftigt.

Es soll daher im folgenden Kapitel die Notwendigkeit und die Möglichkeit einer erfolgreichen Durchführung der Arbeitslosenstatistik gezeigt werden und daran anschließend eine Darstellung der bisherigen Arbeitslosenstatistik gegeben werden.

Zweites Kapitel.

Arbeitslosenstatistik.

I.

Alle echte Statistik fließt aus der erschöpfenden Beobachtung der Massen. Die Massen selbst werden nach Georg von Mayr in Bestandsmassen und Bewegungsmassen geschieden. Diese werden zu erfassen gesucht durch Verzeichnung (Registrierung), die schon aus anderen Gründen als aus rein statistischen stattfinden kann, aber mit gutem Grunde die spätere statistische Verwertung im voraus im Auge haben soll; jene werden wohl am besten durch Zählung erfaßt. Doch ist die Abgrenzung der Bestands- und Bewegungsmassen nicht immer eine absolute. Selbst in der neuen Zeit werden Bestandsmassen nicht immer gezählt, sondern auch berechnet. Dies trifft z. B. für die Bevölkerung Schwedens zu. Die schwedische Bevölkerungsstatistik, welche im Jahre 1749 organisiert worden ist, stützt sich auf die von den Pfarrern nach dem schwedischen Kirchengesetze von 1686 zu führenden Listen, welche nicht allein über Eheschließungen, Geburten und Todesfälle, sondern auch über die ganze Volksmenge, nach Haushaltungen und Dorfgemeinden verteilt, zu führen sind. Sämtliche sogenannte schwedische Volkszählungen bestanden seit jener Zeit darin, daß die Pfarrer tabellarische Übersichten des Bevölkerungsstandes und seit der Reform von 1860 anstatt der Tabellen nominative Verzeichnisse der nach den Bevölkerungsstatistiken vorhandenen Personen einzusenden hatten[1]. Nur in Gothenburg wurden bis zum Jahre 1883 und in Stockholm bis auf die Gegenwart wirkliche Volkszählungen vorgenommen. Allerdings soll nach Sundbärg die Absicht bestehen, auch in Stockholm die schwedische Methode einzuführen.

Eine andere Auffassung namentlich im 18. und 19. Jahr-

---

[1] Vgl. Georg von Mayr, Statistik und Gesellschaftslehre, 2. Bd. Bevölkerungsstatistik, S. 15 ff. und Sundbärg, Gustav, Bevölkerungsstatistik Schwedens 1750—1900, vorgelegt dem XIV. Intern. Kongreß für Hygiene und Demographie, Berlin 1907. Sundbärg verteidigt hier das schwedische System und glaubt, daß die schwedische Bevölkerungsstatistik auch heute noch alle billigen Ansprüche auf wissenschaftliche Genauigkeit erfülle.

hundert war die, „daß man anknüpfend an eine einmalige tatsächliche Bestandsaufnahme durch sorgsame Feststellung der eintretenden Veränderungen in der Lage sein werde, ohne neue allgemeine Zählung zu beliebigem Zeitpunkt den neuen tatsächlichen Bevölkerungszustand feststellen zu können". Diese Auffassung vertrat auch noch Quetelet. Hierauf beruhen die belgischen Bevölkerungsregister, die allerdings nur eine Ergänzung der jeweiligen, von zehn zu zehn Jahren stattfindenden belgischen wirklichen Volkszählungen darstellen. In den belgischen Bevölkerungsregistern findet also eine Verbindung von statistischer Erhebung und Meldewesen statt. Die zehnjährige Volkszählung bildet den Ausgangspunkt und die Grundlage der Registerführung, während in dem Zeitraum zwischen zwei Volkszählungen der Aufenthaltswechsel in erstrebter Vollständigkeit zur Verzeichnung gelangt. Umgekehrt wird vielfach der Effekt von Bewegungsmassen der Zählung der Bestandsmassen entnommen, so z. B. die Feststellung der Wanderungseffekte durch Ermittlung der Gebürtigkeit der Gezählten bei der Volkszählung [1].

Der Statistiker wird, soweit es im Rahmen der Möglichkeit liegt, immer wünschen, daß die Zählung überall dort zur Anwendung kommt, wo Bestandsmassen in Frage stehen, die Verzeichnung aber dort, wo Bewegungsmassen in Betracht kommen. Ja, er wird sogar noch weiter gehen und wünschen, daß die an der Bestandsmasse in der Zeit zwischen den einzelnen Zählungen vorgenommenen Änderungen genau erfaßt werden, um die Evidenthaltung der Bestandsmasse zu ermöglichen. Denn man will über wichtige Zustände des gesellschaftlichen Lebens möglichst genau zu jeder Zeit unterrichtet sein. Dies kann aber durch Zählung allein nicht erreicht werden, da die in befriedigender Weise durchgeführte Zählung einen sehr großen Aufwand an Zeit, Geld und Arbeitskräften erfordert und deshalb nicht beliebig oft vorgenommen werden kann. Ebenso wird der Statistiker wünschen, daß die bei der Zählung ermittelten Effekte der Bewegungsmassen verarbeitet werden. In beiden Fällen wird es eine gute Kontrolle der entsprechenden besonderen Erhebungen darstellen.

Heute werden nun über alle möglichen Zustände und Erscheinungen des gesellschaftlichen und wirtschaftlichen Lebens Zählungen und Verzeichnungen gemacht. Die Volksmasse, die Masse der gewerblichen Betriebe und die berufliche Masse der Menschen, die Viehmasse, der Bestand an Gebäuden, die Masse der Lernenden usw. werden gezählt; die Geburten und Sterbefälle, die Eheschließungen, die Warenbewegungen über die Grenze, die begangenen Verbrechen usw. werden ver-

---

[1] Georg von Mayr, Statistik und Gesellschaftslehre, 1. Bd., § 16.

zeichnet; auch werden Statistiken aufgemacht, die zum erheblichen Teile auf Schätzungen beruhen, so die Anbau- und Erntestatistik.

Es ist aber bis heute keine regelmäßige erschöpfende Statistik der Arbeitslosen vorhanden. Und doch ist die Masse der Arbeitslosen eine der interessantesten Massen nicht nur wegen der Arbeitslosen selbst, sondern wegen ihres Verhältnisses zur ganzen Volkswirtschaft. Die Arbeitslosigkeit schädigt nicht nur den Arbeitslosen selbst, sondern auch die ganze Volkswirtschaft.

Mit der Arbeitslosigkeit geht oft Hand in Hand der Arbeitermangel infolge der Abwanderung von der einen Stelle an die andere Stelle und der dadurch eintretenden Leere und Übersättigung. Dadurch entsteht ein neues Problem, das ebenso schwer die ganze Volkswirtschaft bedroht wie die Arbeitslosigkeit.

Versuche zu einer Erfassung der Arbeitslosigkeit liegen allerdings in großer Anzahl vor; auch der Arbeitermangel ist schon festzustellen versucht worden, aber diese Versuche zeigen nur, daß beide Übel weit verbreitet sind und daß etwas geschehen muß. Was aber zu geschehen hat, darüber ist man sich in vollem Umfange nicht klar. In der Hilflosigkeit, die daraus sich ergibt, hat man wohl verschiedene Maßnahmen getroffen, meist aber sich damit getröstet, daß man nicht viel tun könne. Wenn aber im allgemeinen die Notlage als solche erkannt ist (das mag wohl heute zutreffen), dann bleibt einem Kulturvolke sicher nichts anderes übrig, als nach weiterer vollendeter Erkenntnis zu streben, um so das Übel an der Wurzel zu fassen. Dabei kann es ja sicher nur gut sein, bis zur vollständigen Erkenntnis all das zu tun, was nach Lage der Sache möglich ist. Nur dürfen solche Notbehelfe nicht zu dauernden Maßnahmen werden.

An sich wäre es nun das einfachste und natürlichste, den Arbeitermangel mit dem Überschuß der Arbeiter zu bekämpfen. Aber das ist jetzt nicht möglich, weil der Umfang des einen und anderen Übels nicht genügend bekannt ist, weil die Orte des Arbeiterüberschusses mit den Orten des Arbeitermangels nicht den nötigen Austausch haben und weil auch die nötigen Einrichtungen fehlen, die hier helfend eingreifen könnten.

Um zu wissen, was gegen diese beiden Übel zu tun ist, sei es, um sich dauernd davon zu befreien oder wenigstens ihre Wirkungen auf das Normalmaß einzuschränken, muß ohne Furcht vor der Arbeit an die Lösung dieser Fragen herangetreten werden. Und wie soll man sie zu erkennen streben? Kein anderer Weg wird zu ihrer Erkenntnis führen als die erschöpfende statistische Erfassung der Arbeitslosen einerseits und der mangelnden Arbeiter anderseits. Diese Fragen müssen zu gleicher Zeit berücksichtigt und miteinander gelöst werden.

Es ist dringend notwendig, diese Gegensätze zuerst, soweit es möglich ist, auszugleichen, bevor man daran geht, Maßnahmen zu treffen, die diese Verhältnisse wenig oder gar nicht berücksichtigen.

Da aber die statistische Erfassung des Arbeitermangels in anderer Weise zu erfolgen hat, so habe ich mich hier lediglich mit der Statistik der Arbeitslosigkeit zu befassen. Die statistische Erfassung allein genügt aber nicht; es muß auch der feste Wille vorhanden sein, die aus der erschöpfenden Massenbeobachtung klargelegten Schäden beseitigen zu wollen. Und hieran hat es wohl bisher auch manchmal gefehlt; denn es sind einzelne Dokumente über die Arbeitslosigkeit vorhanden, die sehr wohl als Ausgangspunkte zu Maßnahmen hätten benützt oder weiter ergänzt und besser ausgestaltet hätten werden können, um so in das Dunkel der Arbeitslosigkeit Licht zu schaffen; aber man hat es nicht getan, sondern sich über die Schwierigkeiten und angeblichen schlechten Aussichten auf Erlangung einer einwandfreien Statistik unterhalten. Ja, gewiß, eine wirklich gute Arbeitslosenstatistik bietet außerordentliche Schwierigkeiten; unüberwindlich sind sie nicht.

Wenn diese Art der Statistik mit Erfolg durchgeführt werden soll, so muß sie auf die **ganze Arbeitslosenmasse** innerhalb eines Staatsgebietes erstreckt werden; sie verträgt keine Beschränkung auf einzelne Orte oder einzelne Gewerbe. Die Arbeitslosenmasse soll ferner nicht für sich allein betrachtet werden, sondern sie soll in Beziehung gesetzt werden zur ganzen Bevölkerung und namentlich zur Masse der Erwerbstätigen. Aus diesen Vergleichen allein wird eine richtige Erkenntnis der Arbeitslosigkeit erreicht werden. Und wenn dann die Arbeitslosenmasse noch gegenübergestellt wird der Menge der nicht geleisteten Arbeit und insbesondere der notwendig zu vollendenden Arbeit, dann wird sich die Erkenntnis erweitern und der Weg zur Beseitigung der Not der Arbeitslosigkeit ebnen.

Wie soll nun die statistische Erfassung der Arbeitslosen vor sich gehen? Sollen diese Massen gezählt oder verzeichnet werden, sind sie **Bestandsmassen oder Bewegungsmassen?** In der modernen Volkswirtschaft wird überall eine gewisse Masse von Arbeitslosen vorhanden sein, ja sogar dort, wo Arbeitermangel herrscht; gerade so wie es ist auf dem Lebensmittelmarkte, der noch gut ausgestattet ist, während ein Teil der Menschen hungert; wie es ist auf dem Schuhwarenmarkte, der Hunderte von Paaren in seinen Auslagen hat, während ein Teil der Menschen bei der größten Kälte mit schlechten und ungenügenden Schuhen herumlaufen muß. Ich will diese Masse der Arbeitslosen mit anderen Autoren auch „Marktreservoir" nennen; insoweit kann wohl von einer Bestandsmasse gesprochen werden. Aber die Größe und die räumliche und zeitliche Lagerung der Arbeitslosigkeit ist äußerst verschieden. Die Arbeitslosenmasse charakterisiert sich also auch als eine Bewegungsmasse, als eine äußerst flüssige Erscheinung des wirtschaftlichen Lebens. Es verhält sich mit ihr nicht so wie mit der Bevölkerungsmasse, die ja auch jede Minute verändert wird durch Zu- und Abflüsse, die aber in ihrem Kerne als etwas längere Zeit Bestehendes angesehen werden kann. Die Bevölkerung einer Landgemeinde mit ungefähr 1000 Einwohnern wird, wenn sie je am Anfange und am Ende eines Jahres betrachtet wird, zeigen, daß sie im Laufe des Jahres manche Veränderung erlitten hat; aber das Wesen der Grundmasse ist dadurch kaum berührt worden; wenn aber dieses Wesen einmal angetastet würde, dann lägen besondere, außerordentliche Fälle vor (Seuchen, Krieg, Hungersnot usw.). Ebenso ist es in der Großstadt, die als eine der flüssigsten Erscheinungen der Bevölkerung bekannt ist. Auch hier wird sich die Grundmasse nur langsam verändern.

Anders ist es bei der Arbeitslosenmasse. Hier wechselt die Grundmasse nicht nur viel stärker in den Individuen, sie wechselt fortwährend auch in der Zahl. Ja, die Veränderungen können oft größer sein als die Grundmasse selbst und dadurch wird das Wesen der Grundmasse verändert. In einer gegebenen Wirtschaftsperiode mögen z. B. 100000 Arbeitslose die erfahrungsgemäß vorhandene Grundmasse bilden. Über Nacht tritt kalte Witterung ein, tritt ein riesiger Bankkrach ein, und am Morgen sind bereits 300000 Menschen arbeitslos. Die Grundmasse ist aufgesogen worden von einer Bewegungsmasse, die nun ihrerseits allerdings zu einer temporären Grundmasse werden kann, wenn die sie bewirkenden Einflüsse längere Zeit währen und nicht neue Arbeitsfelder bereitgestellt werden. Anderseits kann eine besonders gute Witterung und besonders gute Konjunktur alle Arbeitskräfte, soweit nicht zu große örtliche Veränderungen und Abneigung gegen diese überhaupt in Betracht kommen, zur Arbeit führen, so daß wiederum eine wesentliche Veränderung der Grundmasse sich vollzieht; anstatt der 100000 Arbeitslosen können jetzt nur mehr 50000 vorhanden sein [1].

Diese Wesensveränderungen treten aber nicht nur in außerordentlichen Fällen ein, sie wiederholen sich teilweise

---

[1] So mußten im Sommer 1911, der infolge seiner großen Hitze und Trockenheit eine gesteigerte Bautätigkeit hervorrief, nach München fremde Maurer und Bauarbeiter gerufen werden; ob nun diese fremden Kräfte allerdings wieder die Stadt verlassen, ist eine andere Frage. Wenn nicht, so können sie leicht die winterliche Arbeitslosigkeit vermehren, wie dies fast immer nach Ausstellungen und großen Veranstaltungen der Fall ist.

regelmäßig, teilweise unregelmäßig. Was gestern war, ist heute nicht mehr und was heute ist, wird morgen nicht mehr sein. Die Arbeitslosenmasse taucht unter, erhebt sich in gewaltige Höhe, sie zieht wie eine Wellenlinie mit tiefen Tälern und hohen Bergen durch das Wirtschaftsleben. Und das ist nur die Masse als Ganzes. Anders verläuft ihre Bewegung in den einzelnen Berufsarten, anders in Stadt und Land. In manchen Berufen gleitet die Arbeitslosigkeit in kleinen Wellen dahin und zeigt viel Regelmäßigkeiten, in anderen wiederum schleicht sie bald am Boden hin, bald stürmt sie höhenwärts. Gerade ihre Bewegung ist es, die besondere Schwierigkeiten macht.

Um diese gewaltigen Veränderungen in der Masse der Arbeitslosen voll und ganz zu erfassen, genügt es nicht, nur zu zählen. Wollte man damit allein zum Ziele kommen, so müßte sehr oft gezählt werden und das geht nicht an; oder aber es müßten die Arbeitslosen sich jedesmal sofort zu unserer Verfügung stellen, wenn sie arbeitslos werden. Heute tun sie das nicht in genügendem Maße. Anders würde die Sache wohl liegen, wenn ein zentralisierter Arbeitsnachweis vorhanden wäre, der auch für solche Fälle Rat wüßte, in Form der Arbeitsbeschaffung und in Form der Arbeitslosenunterstützung; ein solcher Arbeitsnachweis ist aber zurzeit nicht vorhanden, ebenso fehlt eine alle Arbeiter umfassende Arbeitslosenversicherung.

Wenn nun auch jede Zählung der Arbeitslosen nur ein Momentbild gibt, so werden doch bei richtiger Bestimmung des Zeitpunktes und durch wiederholte Zählungen allmählich sehr brauchbare Resultate gewonnen werden können.

Es empfiehlt sich, es so zu machen, wie das Deutsche Reich es im Jahre 1895 (im Juni bei der Berufs- und Gewerbezählung und im Dezember bei der Volkszählung) gemacht hat, was leider seitdem nicht mehr geschehen ist, obwohl die Berufszählung von 1907 und die drei Volkszählungen von 1900, 1905 und 1910 eine gute Gelegenheit geboten hätten. Mögen auch die beiden Zählungen von 1895 nicht ideal sein, so hätte man doch unter Ausnützung der damals gemachten Erfahrungen ein Vergleichsmaterial herbeischaffen können, dessen Wert ganz außerordentlich hoch einzuschätzen wäre. Und dann wäre sicher auch die Arbeitslosenfürsorge weiter gediehen.

Gerade die Arbeitslosenzählung verbunden mit der Berufszählung ist das interessanteste, was wir haben, ja sie ist die idealste Verbindung, weil die Arbeitslosen nicht nur der ganzen Bevölkerung, sondern auch den im Berufe Tätigen gegenüber gestellt werden. Wichtig ist dabei insbesondere, daß die gleiche Person sowohl für die Berufszählung wie für die Arbeitslosenzählung dem nämlichen Berufe zugeteilt wird. Auch die Verbindung mit der Volkszählung ist durchaus angezeigt, weil die Volkszählung sich an die ganze Volksmasse wendet und gerade die Winterzählungen ausgezeichnete Vergleichsmomente mit den Sommerzählungen ergeben, zumal wenn dabei auch die Berufe der ganzen Bevölkerung verarbeitet werden. Man wird im Winter auch eine mehr sedentäre Masse der Arbeitslosen antreffen als im Sommer, wo die Arbeitslosen viel mehr wandern und deshalb schwerer zu erfassen sind. Die Frage der Arbeitslosigkeit ist aber sicher auch mit einer Volkszählung mehr vereinbar als manch andere Fragen, die insbesondere bei großstädtischen Volkszählungen gestellt worden sind, und meines Erachtens auch wichtiger.

Wenn man ein Volk zählt, so kann es durchaus als im Rahmen der Erhebung liegend angesehen werden, wenn man auch zu erfassen sucht, ob und inwieweit es arbeitet bzw. nicht arbeitet. Bei der Berufszählung sollte aber die Frage nach der tatsächlichen Beschäftigung geradezu ein Wesensbestandteil sein; denn was nützt es, zu wissen, wie viele Schneider, Schuster, Bierbrauer, landwirtschaftliche Arbeiter usw. vorhanden sind, wenn man nicht weiß, ob sie auch Beschäftigung haben? Es kann eine stark vorgetäuschte Berufsgliederung sein, wenn die Berufszugehörigen im Berufe keine Arbeit finden. Man hat hier in Deutschland namentlich und auch in anderen Ländern sich einer Versäumnis schuldig gemacht, die nicht mehr gut zu machen ist.

Die Verbindung der Arbeitslosenzählung mit der Volkszählung haben auch andere Staaten durchgeführt, so Frankreich mit den allgemeinen Volkszählungen von 1896, 1901 und 1906, die auch immer Berufszählungen waren. Vorher schon hatten einzelne schweizerische Kantone und Städte diese Verbindung als eine glückliche erkannt. Hervorzuheben ist hier besonders die Zählung von 1888 im Kanton Basel-Stadt und in Zürich. Ungarn hatte schon im Jahre 1890 mit der Volkszählung eine Aufnahme der Arbeitslosen in der Industrie durchgeführt und diese Aufnahme verbessert bei der Volkszählung von 1900, wo auch die Frage nach der Ursache und nach der Dauer der Arbeitslosigkeit gestellt worden ist. Ferner hat Österreich mit der Volkszählung vom 31. Dezember 1900 und Italien mit der vierten Volkszählung vom 10. Februar 1901 eine Zählung der Arbeitslosen verbunden. In Österreich allerdings blieb die Zählung beschränkt auf die zehn größeren Städte. Ebenso hat Dänemark mit der allgemeinen Volkszählung vom 1. Februar 1901 eine Zählung der Arbeitslosen in der Industrie, im Handel und in der Schiffahrt vorgenommen.

Daraus ist zu ersehen, daß überall dort, wo der statistischen Erfassung der Arbeitslosigkeit eine größere Aufmerksamkeit geschenkt worden ist, die Arbeitslosenzählung gleichzeitig mit der Volks- bzw. Berufszählung vorgenommen worden ist.

Diese Verbindung wird auch neuerdings von hervorragenden Praktikern und Theoretikern als die einzig richtige Lösung anerkannt[1].

Daneben macht sich nur vereinzelt die Forderung einer isolierten Arbeitslosenzählung geltend. So glaubt Hecke[2] aus den Erfahrungen der mit der österreichischen Volkszählung von 1900 verbundenen Arbeitslosenzählung die Einfügung einer Erhebung über die Arbeitslosigkeit in die Volks- oder Berufszählung nicht empfehlen zu können, er schlägt vielmehr besondere Erhebungen über die Arbeitslosigkeit vor. Er kann damit doch nur eine isolierte Arbeitslosenzählung meinen[3].

Isolierte Arbeitslosenzählungen sind bisher für ein ganzes Staatsgebiet noch nirgends vorgenommen worden[4]. Diese Art von Zählung ist nur von den Städten und von den Arbeiterorganisationen geübt worden und zwar insbesondere in Deutschland. Diese Zählungen sind nach verschiedenen Methoden[5] durchgeführt worden. Die gebräuchlichsten Methoden sind das **Urnen-, auch Stuttgartersystem genannt, das Meldesystem in eigenen Zählbureaus und die Zählung von Haus zu Haus**. Die beiden ersten Methoden setzen freiwillige Meldungen der Arbeitslosen voraus, sei es, daß sie die ausgefüllten Zählkarten an Zählstellen abgeben oder in aufgestellte Sammelkästen (Zählurnen) werfen, oder sei es, daß sie in den Zählbureaus erscheinen, wo ihre Angaben aufgenommen werden. Beidesmal hängt der Erfolg lediglich von dem Interesse der Arbeitslosen ab und beidesmal ist man vor Täuschungen nicht geschützt. Auch wird von Einfluß sein, ob eine genügende Agitation unter den Arbeitern und eine ausreichende Aufklärung durch die Presse stattfindet und ob die

---

[1] So auch Most im 40. Bande der Jahrbücher für Nationalökonomie und Statistik 1910.

[2] Bericht an die Internationale Konferenz über Arbeitslosigkeit in Paris 1910.

[3] Auf die Arbeitslosenzählung als eine Spezialaufnahme hat auch schon K. Oldenberg im Jahre 1893 hingewiesen im sozialpolitischen Zentralblatt Nr. 7 1892/93 und Georg von Mayr hei seiner Besprechung der Ergebnisse der Reichsarbeitslosenzählung im Handelsmuseum 1897, Bd. XII, Nr. 1 und 2.

[4] In Schweden wurden im Winter 1909 und 1910 von der Arbeitsstatistischen Abteilung des Handelsamtes Erhebungen über die Arbeitslosen durchgeführt. Die Zählung vom 31. Januar 1910 wurde in 86 Städten und 202 Landgemeinden mit einer Bevölkerung von zirka 2,3 Millionen = 41 % der Gesamtbevölkerung vorgenommen, und zwar nach dem Meldesystem. Während im Winter 1909 sich 20 106 Arbeitslose (19 575 männliche und 561 weibliche) = 0,91 % der Bevölkerung meldeten, ergab die Zählung von 1910 nur mehr 14 472 Arbeitslose (14 066 männliche und 406 weibliche) = 0,63 % der Bevölkerung. (Bericht von M. Gunnar Huß an die Internat. Konferenz 1910.)

[5] Vgl. Reichsarbeitsblatt 1909, Nr. 6, S. 423 und Jahrbücher für Nationalökonomie und Statistik, III. Folge, 40. Bd., S. 1 ff.

zählende Gemeinde beabsichtigt, in der Arbeitslosenfürsorge etwas zu tun. Die Anforderung einer Massenerhebung erfüllt deshalb bedeutend besser die Zählung von Haus zu Haus. Hier hängt aber der Erfolg der Zählung von dem Eifer und guten Willen des Zählers und von der Tatsache ab, ob seine Person das Vertrauen der Arbeitslosen besitzt. Die Zählung von Haus zu Haus kann von einem Zähler leicht so durchgeführt werden, daß er einmal im Hause Jemanden frägt, ob zurzeit Arbeitslose im Hause sind. Oder aber er kann Häuser auslassen. Eine Kontrolle darüber hat man nicht, auch wenn man die Zählung aufs sorgfältigste vorbereitet. Auch die nachträgliche Meldung der etwa übergangenen Arbeitslosen wird kaum zum Ziele führen, da hier wieder zu sehr an die Initiative des Arbeitslosen appelliert wird und da er am nächsten Tage wieder in Arbeit sein kann. Oder aber es melden sich Arbeitslose, die am Zählungstage selbst noch arbeiteten. Hierdurch würde aber die Forderung des kritischen Moments verletzt.

Während bei den Zählungen der Arbeiterorganisationen und bei den städtischen Zählungen die Arbeiter und insbesondere Angehörige der Organisationen als Zähler fungierten, machte Nürnberg bei seinen bisherigen Zählungen davon eine Ausnahme und ließ durch städtische Beamte zählen. Es mag im allgemeinen wohl als richtig gelten, daß der Beamte seine Pflicht strenger aufgefaßt und jede Wohnung abgefragt hat. Ob er aber das Vertrauen der Arbeitslosen sich erwerben konnte, bleibt jedenfalls unentschieden.

Eine andere zuerst in Dresden und dann im Oktober 1910 auch in allen übrigen Gemeinden Sachsens geübte Methode besteht darin, daß aus den zum Zwecke der Steuereinschätzung von allen Hausbesitzern auszufüllenden sogenannten Hauslisten (in welche alle Einwohner mit eigenem Einkommen einzutragen sind) von den Gemeindebehörden alle Personen herauszuschreiben sind, welche sich in der Hausliste als arbeitslos bezeichnet oder keinen Arbeitgeber angegeben haben. Name und Wohnung jeder dieser Personen wird dann je auf eine besondere Zählkarte geschrieben; daraufhin werden diese Personen über die in Betracht kommenden Verhältnisse besonders befragt[1].

Daß auch für ein ganzes Staatsgebiet isolierte Zählungen der Arbeitslosen möglich und von Nutzen wären, läßt sich wohl nicht bestreiten. Immerhin wird der Charakter einer

---

[1] Soz. Praxis 7, 1910. Bei der Fertigstellung dieser Arbeit waren die Ergebnisse der sächsischen Statistik noch nicht veröffentlicht. Auch die bayerische Steuerliste enthält eine Frage nach dem Namen des Arbeitgebers. Die Erkundigungen auf dem Rentamte München ergaben aber, daß diese Frage nur in seltenen Fällen beantwortet ist und daß somit irgendwelche Verarbeitung nach dieser Richtung hin nicht lohnenswert wäre.

erschöpfenden Massenbeobachtung bei der Erhebung einer bestimmten Art von Menschen viel mehr verletzt werden als bei der Volkszählung, die sich grundsätzlich an alle menschlichen Individuen wendet; auch ist die Volkszählung bereits in Fleisch und Blut des Volkes übergegangen. Wenn mit der Volkszählung eine bestimmte Art von Menschen noch in besonderer Weise erfaßt werden soll, so hängt die Vollständigkeit dieser Erhebung lediglich von der Fragestellung, von der Aufklärung und von der Intelligenz und dem Eifer des Zählers ab. Bei der isolierten Arbeitslosenzählung aber, die also nicht zu gleicher Zeit eine Aufnahme des ganzen Volkes ist, fehlt das Interesse des Volkes, fehlt die allgemeine Teilnahme und damit vergrößert sich die Fehlerquelle ganz bedeutend. Dazu kommt noch, daß es sehr schwer ist, die Obdachlosen und namentlich die wandernden Arbeitslosen zu erfassen. Denn welcher Zähler wird wissen, wo diese Menschen aufzusuchen sind, und (wenn er es wirklich wüßte) wann er sie dort antreffen kann? Bei den Ansässigen aber kann die Wohnung geschlossen sein, weil der Arbeitslose auf der Suche nach Arbeit ist und die übrigen Bewohner bei der Arbeit sind; oder aber die Arbeitslosen haben selbst kein Interesse an ihrer Erfassung, weil sie über die Wichtigkeit der Zählung nicht aufgeklärt sind und weil sie meinen, daß doch nichts geschehe in der Arbeitslosenfürsorge; oder aber sie scheuen sich, ihre Arbeitslosigkeit zu bekennen, weil sie diese Tatsache einem Fremden nicht anvertrauen wollen. Bei der ganzen Erhebung ist man abhängig vom Zählerpersonal; ob es an allen Wohnungen pocht und die nötige Aufmerksamkeit und das nötige Verständnis für diese schwierige Frage an den Tag legt, das sind heikle Fragen. Denn daß bei der isolierten Arbeitslosenzählung, soferne sie den wissenschaftlichen Anforderungen entsprechen soll, von Wohnung zu Wohnung gezählt wird, muß notwendigerweise gefordert werden. Das Urnensystem und das Meldesystem können für eine straff organisierte Arbeiterschaft genügen, niemals aber für eine erschöpfende Massenerhebung.

Die isolierte Arbeitslosenzählung muß sich, wenn sie ein befriedigendes Resultat liefern soll, an die ganze Bevölkerung wenden. Sie muß deshalb ähnlich von statten gehen wie eine Volkszählung. An jeden Einzelhaushalt und an alle Anstaltshaushaltungen müssen unter Verantwortung des Hausbesitzers bzw. des Anstaltsvorstandes Listen oder Zählkarten verteilt werden. Jede einzelne Liste oder Zählkarte muß wiederum unter Verantwortung des Haushaltungsvorstandes ausgefüllt werden. Man erhält dadurch wenigstens die Gewißheit, daß in jeder Einzelwohnung und in jedem Einzelhaushalte die Frage erörtert und beantwortet worden ist. Und wenn der einzelne Zähler keinen allzu großen Bezirk zugewiesen erhält, so wird er auch den Einträgen über Arbeitslosigkeit seine besondere Aufmerksamkeit schenken können. Auf dem Lande ist eine solche Erhebung sehr leicht durchzuführen, da ja die persönlichen Verhältnisse der Arbeiter den intelligenten Zählern (z. B. den Lehrern oder Bürgermeistern) wohlbekannt sind. Ja, man kann bei sorgfältiger Erhebung geradezu einmal die besondere Art der ländlichen Arbeitslosigkeit im Winter feststellen. Nicht viel schwerer fällt die Erhebung in kleineren Städten, wo man ebenfalls über die persönlichen Verhältnisse der Arbeitnehmer ziemlich genau unterrichtet ist und gegebenenfalls sich leicht genaue Auskunft beschaffen kann. In den Großstädten mag ja die Sache sich schwieriger gestalten; aber wenn man die bezirksweise Sammlung und Prüfung des Materials vornimmt, besondere Sorgfalt auf das Zählermaterial verwendet (Lehrer, Beamte, Studenten usw.), der Verantwortung des Hausbesitzers und des Haushaltungsvorstandes sich bedient und die nötige Prüfung der Angaben an der Hand der Invalidenkarte, der Arbeitszeugnisse usw. vornimmt, dann wird man auch dort diese Schwierigkeiten bewältigen können und ein einwandfreies Urmaterial bekommen. Die Zählung wird ja nicht so umfangreich, da nur 0,5 bis höchstens 2 % der Bevölkerung in Betracht kommen. Alles übrige sind ja Fehlanzeigen.

Auch bei der isolierten Zählung muß ein **kritischer Moment** festgehalten werden, der aber **niemals auf den Samstag oder Sonntag** fallen darf, da erfahrungsgemäß vom Samstag auf den Montag die größte Zahl der Arbeitslosen vorhanden ist. Man sehe nur einmal die Bewegung der Krankenkassen an. Die Münchener Ortskrankenkasse z. B. weist in ihrer graphischen Darstellung des täglichen Mitgliederbestandes fast konstant den Donnerstag oder Freitag als beschäftigungsreichste Tage aus. Von da an fällt die Kurve, um vom Montag an allmählich wieder anzusteigen[1].

Der beste Zeitpunkt wäre also wohl die Nacht vom Mittwoch auf den Donnerstag oder vom Donnerstag auf den Freitag, da in der Mitte der Woche bzw. kurz darnach wohl auch die normalste Beschäftigung herrscht. Um auch alle Obdachlosen und Wandernden in den Asylen oder Herbergen oder Naturalverpflegsstationen oder Heimen usw. zu erreichen, müßte ein solcher Zeitpunkt bestimmt werden wie bei der Volkszählung; denn sonst kann man diese Art von Menschen nicht erfassen. Das gleiche gilt für die Krankenhäuser, Heilanstalten usw., soferne man auch die Kranken erfassen wollte, was nur zweckmäßig wäre.

Die Zahl der gefundenen **Streikenden und Ausgesperrten** kann unschwer nachgeprüft werden, da Streik

---

[1] Vgl. die Jahresberichte dieser Krankenkasse.

und Aussperrung ja ortsbekannt und bei den Arbeiterorganisationen registriert sind.

Besondere Aufmerksamkeit ist denen zu schenken, die sich im Urlaub befinden, die sich freiwillig von der Beschäftigung zurückgezogen haben, um sich im Vaterhause zu erholen oder sich dort nützlich zu machen, oder um auf eine selbständige Beschäftigung zu warten, und auch denen, die schon seit sehr langer Zeit nicht mehr arbeiten, z. B. allen, die **mehr als 60 Tage** arbeitslos sind. Gerade diese sind eine besondere Art von Arbeitslosen.

Wenn jeder Zähler für seine zwei oder drei Arbeitslosen die nötige Sorgfalt und die nötige Liebe zur Sache mitbringt und wenn die Arbeitslosen vertrauen können, daß man endlich einmal energisch und zielbewußt sich mit der Arbeitslosenfürsorge befaßt, dann wird man wohl auch ein sehr nützliches Material bekommen. Die Zähler müssen persönlich die Listen oder Karten einsammeln und darauf achten, daß jede Haushaltung ihre Pflicht getan hat. Wenn dieses Geschäft am frühen Morgen vorgenommen wird, so werden auch die Arbeitslosen noch zur Verfügung stehen, so daß man mit ihnen nochmals alle Angaben durchgehen kann.

Besonders sorgfältig ist der **Beruf des Arbeitslosen** aufzunehmen: gelernter Beruf, gewechselter Beruf und ungelernter Beruf sind strenge zu scheiden und an der Hand der Arbeitsverhältnisse zu prüfen. Ebenso sind die **Gelegenheitsarbeiter** scharf herauszuheben. Auch genügt es nicht, nur diejenigen zu zählen, welche eine Invalidenkarte besitzen[1], denn gerade die Gelegenheitsarbeiter werden meistens keine besitzen; es würde also gerade diese sehr interessante Kategorie von Arbeitern nicht erfaßt werden. Anderseits sind auch manche ständige Arbeiter während der Dauer der Arbeitslosigkeit nicht im Besitze ihrer Invalidenkarte, weil sie dieselbe verloren oder zurückgelassen oder irgendwo abgegeben haben.

Was die **Jahreszeit** anlangt, in der gezählt werden soll, so wird man für eine Sommerzählung und für eine Winterzählung eintreten müssen, um möglichst den Tiefstand und den Hochstand der Arbeitslosigkeit zu erfassen. Dabei ist allerdings zu bedenken, daß die günstigen Betrachtungszeiten nicht überall zusammenfallen, weder an den einzelnen Orten noch in den einzelnen Gewerben. In dem einen Gewerbe kann der Tiefstand der Beschäftigung und damit wahrscheinlich auch der Hochstand der Arbeitslosen im Winter liegen, in dem anderen Gewerbe kann dies im Sommer der Fall sein. Richtig ist allerdings, daß die Landwirtschaft, das Baugewerbe

---

[1] Vgl. Jahrbücher für Nationalökonomie und Statistik, III. Folge, 40. Bd. S. 1 ff. Arbeitslosenstatistik von Dr. Otto Most.

und das Gewerbe der Erdarbeiten überhaupt der ganzen Arbeitslosenmasse insofern ein entscheidendes Gepräge geben, als sie den Tiefstand der Arbeitslosigkeit im Sommer und ihren Hochstand im Winter verschulden, kraft der Masse der ihnen zugehörigen Arbeiter und kraft der Tatsache, daß diese Gewerbe ihre höchste Beschäftigung im Sommer und ihre niedrigste Beschäftigung im Winter haben. Andere Gewerbe sind überhaupt übersetzt und haben im Sommer wie im Winter große Zahlen von Arbeitslosen; wieder andere Gewerbe haben das ganze Jahr hindurch normale Verhältnisse (vgl. Anhang Tabelle I—IV). Um also alle diese Dinge richtig erfassen zu können, müßten die Zählungen zeitlich getrennt vorgenommen werden an den verschiedenen Orten und in den verschiedenen Gewerben; damit ergäben sich aber nur Teilresultate, die zu einem einheitlichen Ganzen zu vereinigen wohl noch größere Schwierigkeiten bereiten würde.

Die Sommerzählung wird man wie die bisherigen Berufszählungen im Juni und die Winterzählung anfangs Februar vornehmen. Denn erfahrungsgemäß tritt der Hochstand der Beschäftigung nicht sofort mit der guten Witterung ein. Freilich wird auch der Juni nicht für alle Orte der arbeitsreichste Monat sein, denn oft ist erst der September und der Oktober die Zeit, in welcher die höchste Beschäftigung herrscht[1]. Auch der Tiefstand der Beschäftigung tritt nicht sofort mit der kalten Witterung ein, wenn diese auch Schuld trägt an der großen Arbeitslosigkeit des Baugewerbes und der Landwirtschaft; denn die vor Weihnachten einsetzende starke Beschäftigung in vielen Gewerben nimmt viele Arbeitslose für längere oder kürzere Zeit auf; erst nach Weihnachten erlahmt die Beschäftigung allmählich, besonders unter dem Einflusse des ständigen kalten Wetters und gegen Ende Januar kommt dann der Tiefstand, der freilich nicht immer gleich lange andauert. Hier spielt die Witterung eine große Rolle[2]. Das ist auch die schlimmste Zeit für die Arbeitslosen, weil zur Sorge für die tägliche Nahrung noch die Sorge für die Heizung und für wärmere Kleidung kommt, weil das Borgsystem vielfach außer Wirksamkeit tritt, da die Zahl der Borgenden zu groß und die gute Zeit zu fern ist. Wem es in der arbeitsreichen Zeit gelungen ist, einen Sparpfennig zurückzulegen,

---

[1] Die graphische Darstellung des Mitgliederstandes der Münchener Ortskrankenkasse zeigt für die Jahre 1904, 1905, 1906 und 1908 fast eine gerade Linie, die auf die zweite Hälfte des Monats September läuft; 1910 weist den höchsten Mitgliederstand anfangs Oktober aus und 1907 und 1909 liegen in fast gerader Linie, die auf den Anfang November zieht.

[2] Die graphische Darstellung des Mitgliederstandes der Münchener Ortskrankenkasse zeigt den niedrigsten Mitgliederstand für 1905, 1906, 1907 und 1908 fast in gerader Linie von Anfang Februar aus; 1909 anfangs März und 1910 gegen Mitte Februar.

der wird ihn sorgsam benützen, wer aber unter der Last der Sorge für viele Angehörige schon im Sommer bei einem verhältnismäßig guten Verdienste keuchte, der wird jetzt ganz unverdient einer übermäßig harten Probe unterstellt. Man wird daher bei einer Zählung zu solchem Zeitpunkte besonders tiefe Eindrücke bekommen.

Das Urmaterial, welches bei der isolierten Arbeitslosenzählung gewonnen wird, sollte zweckmäßig am Erhebungsorte und in größeren Städten bezirksweise von einer Kommission geprüft werden. Die örtliche Kenntnis wird man sehr gut dazu verwenden können, die Arbeitsscheuen und die Invaliden auszuscheiden. Nach Abschluß dieser Prüfung bzw. der angeordneten Nacherhebung müßte das Urmaterial sofort an die bearbeitende statistische Stelle geleitet werden. Die Verarbeitung des Materials sollte mit Rücksicht auf seine Aktualität möglichst rasch vor sich gehen und möglichst eingehend differenziert erfolgen.

Die Kosten einer solchen isolierten Erhebung sind keine so großen. Rechnet man für jeden Arbeitslosen 50 Pfennige Kosten, so dürften dies wohl die Höchstkosten sein. Denn bisher sind bei den Zählungen der Städte höhere Ausgaben nicht erwachsen. Nürnberg z. B. hat für seine Arbeitslosenzählungen, die 1500—2000 Arbeitslose umfaßten, 1000—1200 M. zur Verfügung gestellt; dabei haben noch die zur Zählung verwendeten Beamten eine besondere Vergütung erhalten. München ist im Jahre 1904 mit einem Kredit von 3000 M. ausgekommen. Gezählt wurden damals 6190 Arbeitslose. Der Kredit reichte für sämtliche Kosten aus. Auch für die am 11. Februar 1912 vorgenommene Arbeitslosenzählung, bei der ca. 8000 Arbeitslose gezählt wurden, sind nur 3000 M. Kredit verlangt worden. Schlägt man diese Kosten für die beiden Reichszählungen von zusammen höchstens 700 000 M. (bei einer Annahme von 400 000 bzw. 800 000 Arbeitslosen) auf die Gemeinden, namentlich die Großstädte, die Bundesstaaten und das Reich aus, so wird jeden Beteiligten eine Summe treffen, die ihn nicht besonders belasten wird. Einige hunderttausend Mark werden die Bundesstaaten und das Reich wohl aufwenden können für die Erkenntnis der in Frage stehenden wichtigen Tatsachen. Wahrscheinlich aber werden die Kosten für das Reich und die Einzelstaaten noch niedriger sein; denn einzig und allein die Formularien und die Verarbeitung in den Landesämtern und im Kaiserlich Statistischen Amte werden staatliche Ausgaben veranlassen. An der Opferwilligkeit der Gemeinden, die für die meisten in geradezu winzigem Maße gefordert wird, dürfte es kaum fehlen; denn die Austragung der Papiere, die Einsammlung derselben und die Prüfung von einigen Zählpapieren ist doch wahrlich eine Aufgabe, die man von dem Gemeinsinn noch verlangen darf.

Und größere Gemeinwesen haben doch seit Inaugurierung der Sozialpolitik allmählich ein soziales Gewissen sich angeeignet; soweit sie es aber noch nicht haben sollten, ist ein Zwang nur nützlich und heilsam. Die Kostenfrage kann also kaum ein ernstliches Hindernis bilden, isolierte allgemeine Arbeitslosenzählungen vorzunehmen.

Daraus ergibt sich, daß auch eine isolierte Arbeitslosenzählung, wenn sie den Charakter der erschöpfenden Massenbeobachtung bewahren würde, von größter Bedeutung werden könnte. Freilich vermag sie über die Beziehungen der Arbeitslosenmasse zur Bevölkerungszahl und zu den im Berufe Tätigen keinen exakten Aufschluß zu geben. Bei der Berufsgruppierung der Arbeitslosen müßten die gleichen Prinzipien beobachtet werden, wie bei der Berufszählung, wenigstens für die großen Berufsgruppen. Für die Vergleichung mit der Volkszahl und den Berufsangehörigen aber müßte auf die vorhergehende Volks- bzw. Berufszählung zurückgegriffen werden, wie dies auch bei der Reichsarbeitslosenzählung vom Dezember 1895 geschehen ist, da bei dieser Volkszählung die Berufsangaben nicht bearbeitet worden sind.

Entsprechend dem Charakter der Arbeitslosenmasse wird aber durch jede Zählung nur ein Momentbild gewonnen werden; bei der rechtzeitig vorgenommenen Sommerzählung ein Bild der einigermaßen konstanten Sommermasse und bei der rechtzeitig vorgenommenen Winterzählung ein Bild der einigermaßen konstanten Wintermasse. Das, was dazwischen liegt, — die Bewegung, die diese beiden Massen im Wesen verändert — kann mit der Zählung nicht erfaßt werden. Und insbesondere können auch die Fluktuationen innerhalb einer Berufsgruppe nicht erfaßt werden; verhältnismäßig am besten gelingt noch die Erfassung der Arbeitslosigkeit in denjenigen Berufen, die ihren höchsten oder tiefsten Beschäftigungsstand zurzeit der Zählung haben oder die durch das ganze Jahr hindurch eine ziemlich gleichmäßige Beschäftigung haben.

Zu der Zählung muß also die **Verzeichnung** treten. Das Ideal einer solchen wäre die Führung von Individuallisten für alle Arbeiter, in welche die Personalia und die Arbeitsverhältnisse des Arbeiters eingetragen würden, ähnlich wie es bei den bestorganisierten deutschen Arbeitern, nämlich den Buchdruckern, der Fall ist. Dort hat jedes Mitglied und zwar sowohl bei der örtlichen Mitgliedschaft als auch bei der Zentrale in Berlin, seine Individualliste, auf der außer den Personalangaben alle Arbeitsverhältnisse, alle Ortsveränderungen und alle Unterstützungen vorgemerkt sind. Die Durchführung solcher Individuallisten aber für die gewaltige Masse der deutschen Arbeiter würde jedenfalls ganz außerordentlichen Schwierigkeiten begegnen, ganz abgesehen von der enormen Arbeit, die dadurch anfallen würde. Es soll daher diesem

Gedanken nicht weiter nachgegangen werden. Im übrigen sind heute schon, besonders in Deutschland, solche Stellen, wo sich die Arbeitenden und die Arbeitslosen melden, genug vorhanden. Bei den Krankenkassen und den Arbeiterorganisationen werden die Arbeiter sogar individuell angemeldet und geführt; bei den Berufsgenossenschaften werden sie der Zahl nach registriert; bei der Invalidenversicherung ist der Umfang der verkauften Invalidenmarken und der ausgestellten Quittungskarten ein Merkmal der Beschäftigungsgröße; bei den Arbeitsnachweisen werden die Arbeitsuchenden ebenfalls individuell geführt. Aber einerseits ist die Zersplitterung dieser Einrichtungen und ihre verschiedenartige Registrierung, anderseits die unvollständige Erfassung der Arbeiter und endlich die ungenügende Zusammenfassung aller dieser Verzeichnungen ein Hindernis, um aus diesen, im übrigen sehr interessanten Verzeichnungen, exakte Schlußfolgerungen zu ziehen. Gewiß wären manche dieser Verzeichnungen besser auszugestalten und besser zu verwerten, aber dem steht meist die praktische Tätigkeit in den betreffenden Einrichtungen wie auch der Geldmangel im Wege. Sicher könnten diese Verzeichnungen auch besser und namentlich vollständiger zusammengefaßt werden. Aber es sind so viele Fehlerquellen vorhanden, daß auch nach der vollständigen Zusammenfassung, die übrigens sehr viel Arbeit kosten würde, ein einheitliches Bild nicht gewonnen werden könnte. Es ist daher fraglich, ob aus den heutigen Aufzeichnungen jemals eine tiefere oder gar vollständige Erkenntnis des Problems der Arbeitslosigkeit gewonnen werden kann.

Dagegen läßt sich wohl noch eine andere Art der Aufzeichnung denken, die imstande wäre, möglichst vollständigen Aufschluß über die Arbeitslosigkeit zu geben. Das wäre die Verzeichnung an zentralisierten Arbeitsnachweisstellen, die zu gleicher Zeit die Durchführung und Kontrolle der Arbeitslosenversicherung besorgten. Wenn alle Arbeiter während der Zeit der Arbeitslosigkeit eine aus der öffentlichen Arbeitslosenversicherung stammende Entschädigung für den Verdienstentgang bekommen, dann werden wohl auch alle Arbeitslosen zu dieser Auszahl- und Kontrollstelle kommen. Und wenn der Anspruch auf diese Entschädigung auch bei Ortsveränderungen und bei Wanderungen erhalten bleibt, dann wird es nicht mehr schwer sein, diese Arbeiter in ihren Arbeitsverhältnissen zu verfolgen. Denn dann müssen sie sich jeder anderen Stelle gegenüber legitimieren; diese Legitimationen müssen aber die Einzahlungen, die Entschädigungen usw. ausweisen, und darauf läßt sich eine ganz andere Statistik über die Masse der Arbeitslosen, über die Dauer der Arbeitslosigkeit und über die Berufsverhältnisse, über Alter und den Grad der Arbeitsleistung der

Arbeitslosen aufbauen, als dies heute der Fall ist. Ähnliches ist ja heute schon bei den Arbeiterorganisationen vorhanden, die Arbeitslosenunterstützung bezahlen; leider nur für einen kleinen Teil der Arbeiter. Freilich um die ganze Masse der Arbeitslosen zu bekommen, müßten auch alle Arbeiter versichert sein gegen Arbeitslosigkeit. Das aber wird wohl kaum möglich sein, so insbesondere nicht bezüglich der Gelegenheitsarbeiter. Dagegen könnte hinsichtlich solcher Arbeiter eine genauere Registrierung beim Arbeitsnachweis eintreten, so daß auch diese Klasse der Arbeiter tiefer erfaßt und erkannt werden könnte.

Diese eben geschilderte Art der Verzeichnung wird wohl in Zukunft kommen. England wird mit der Einführung der Arbeitslosenversicherung in diesem Jahre hinsichtlich einiger großer Arbeitergruppen so vorgehen. England hat den staatlichen Arbeitsnachweis, dem zu gleicher Zeit die Geschäftsführung, die Auszahlung und die Kontrolle der Arbeitslosenversicherung übertragen ist, und es wird diese Gelegenheit benützen müssen, statistische Forschungen über die Arbeitslosigkeit und über ihre Relation zu den Berufstätigen in größter Ausdehnung anzustellen.

II.

Im folgenden soll nun eine Übersicht über die derzeitige statistische Erfassung der Arbeitslosigkeit in Deutschland gegeben werden. Entsprechend dem Alter der Erhebungsform soll die Aufzeichnung zuerst besprochen werden. Sie geht aus von den englischen Gewerkvereinen (Trade-Unions), deren Berichte das Board of Trade schon vor mehr als fünfzig Jahren zusammenfaßte, zuerst im Journal und dann seit 1893 in der Labour Gazette.

Das Verhältnis der absoluten Mitgliederzahl der berichtenden Gewerkvereine zu der Zahl der arbeitslosen Mitglieder wird zur graphischen und zahlenmäßigen Darstellung gebracht. Diese Zahlenreihen verdienen ganz besonderes Interesse. Sie bilden für England fast die einzigen Anhaltspunkte für die Erkenntnis der Arbeitslosigkeit. Die Tabelle VI[a] gibt uns Aufschluß über das auf diese Weise ermittelte Steigen und Fallen der Arbeitslosigkeit. Der Labour Gazette folgten dann die Arbeitsblätter der anderen Staaten mit ähnlichem Aufgabenkreise: das Bulletin de l'Office du Travail in Frankreich, die Revue du Travail in Belgien, die Soziale Rundschau in Österreich, das Bolletino dell' Ufficio del Lavoro in Italien und als eines der letzten das Reichsarbeitsblatt in Deutschland im Jahre 1903. Entsprechend dem hohen Stande der Sozialversicherung in Deutschland ist aber die Berichterstattung des Reichsarbeitsblattes heute wohl am weitesten entwickelt.

In Deutschland ist eine periodische Berichterstattung über den Arbeitsmarkt in amtlicher Form zuerst in Württemberg geschaffen worden und zwar im Jahre 1895 auf Antrag des Statistischen Landesamtes (vgl. Württemb. Jahrbücher 1895 1. Heft S. 215).

Im Jahre 1897 gründete dann Dr. Jastrow ein besonderes Organ „Der Arbeitsmarkt", in welchem er in Anlehnung an die in Deutschland bestehenden besonderen Organisationen der Arbeitsnachweise, Krankenkassen und Landesversicherungsanstalten, unter Verwendung statistischer Methoden die Schwankungen des Arbeitsmarktes fortlaufend verfolgte (vgl. R.A.Bl. Nr. 1, I. Jahrgang).

Das Reichsarbeitsblatt sammelt regelmäßig vor allem drei wichtige Aufzeichnungen des Arbeitsmarktes, nämlich die **Ergebnisse der Arbeitsvermittlung**, die **Bewegung des Mitgliederstandes der Krankenkassen** und die **Bewegung der Organisationen der Arbeiter und Angestellten**. Dazu kommt noch die Angabe des Verkaufes von Invalidenmarken. Während diese letzten Angaben vollständig sind, handelt es sich bei der übrigen Berichterstattung nur um Teilergebnisse, da weder alle Arbeitsvermittlungsstellen, noch alle Krankenkassen, noch alle Organisationen der Arbeitnehmer berichten. Ein Zwang zur Berichterstattung seitens dieser Einrichtungen besteht nicht; dagegen ist es gelungen, die wichtigsten und größten dieser Einrichtungen zur Berichterstattung zu gewinnen[1]. Bei der gewaltigen Zersplitterung dieser Einrichtungen und ihrer oft geringen Tätigkeit und Geschäftsgewandtheit wäre eine vollständige Berichterstattung mit sehr großen Kosten und sehr viel Arbeit verbunden. Eine Besserung dieses immerhin bedauerlichen Zustandes könnte wohl dadurch eintreten, daß die Sammlung des Materials mehreren Hauptstellen, vielleicht für jeden Bundesstaat einer, anvertraut würde, weil diese Hauptstellen eine bessere Fühlung mit den Berichterstattern haben und die örtlichen Verhältnisse genauer kennen. Eine unbedingte Notwendigkeit allerdings ist es, daß die Sammelstelle von der Gewinnung des Urmaterials genaueste Kenntnis hat; denn nur dann kann alles das ausgeschöpft werden, was wirklich von Interesse und Wert ist. Bei den einzelnen Einrichtungen liegt oft eine Fülle von interessantem Material unbearbeitet im Schranke. Denn die Leiter der Einrichtungen sind meist mit praktischer Arbeit so überbürdet, daß sie froh sind, wenn sie mit dieser fertig sind, und sie selbst sind manchmal nicht so über die Vorgänge unterrichtet, wie sie

---

[1] Für den Monat November 1911 berichteten 3516 Krankenkassen aus 258 Orten mit rund 5,6 Millionen Mitgliedern. Im gleichen Monat waren 893 Arbeitsnachweise und 51 Fachverbände der Arbeiter angeschlossen.

es sein könnten. Das Grundmaterial ist aber auch nicht so gehalten, daß es statistisch leicht ausgebeutet werden kann und endlich steht meist kein Geld zur Verfügung, weil auch hier wie anderswo die Geldausgabe für statistische Zwecke gescheut wird, obwohl doch überall sonst im Leben genaueste Buchführung gefordert wird. Daß man bei vollständiger Kenntnis der Verhältnisse diese Stellen auch beraten und fördern und sie so zu besseren Leistungen veranlassen könnte, sei nur nebenbei bemerkt.

Was nun die Aufzeichnungen über die Arbeitsvermittlung betrifft, so darf wohl auf das Reichsarbeitsblatt vom 21. April 1903, I Nr. 1 verwiesen werden, wo der Wert dieser Berichterstattung eingehend beurteilt ist. Die Unvollständigkeit der Berichterstattung, die Verschiedenartigkeit der Geschäftsführung (insbesondere die wiederholte Verzeichnung der Arbeitsuchenden innerhalb kurzer Zeit bei den einen Arbeitsnachweisen und die nur einmalige bei anderen), die Vervielfachung der Verzeichnung bei den verschiedenen Arbeitsnachweisen, die ungenügende Erfassung des Angebotes und der Nachfrage bei den berichtenden Anstalten veranlaßte die Abteilung für Arbeiterstatistik, zum vorsichtigen Gebrauche dieser Statistik zu mahnen. Dieses Werturteil gilt auch heute noch fast in vollem Umfange, da zwar der Kreis der Berichterstatter erweitert worden ist, aber die Methoden im großen und ganzen beibehalten worden sind[1]. Daß umfassende Folgerungen aus diesem Material nicht gezogen werden dürfen, ist dort ganz richtig hervorgehoben, ebenso daß dieses Material für die Erkenntnis der Arbeitsmarktverhältnisse an den einzelnen Orten wertvoll ist. Bezüglich des letzten Urteils muß allerdings die Einschränkung gemacht werden, daß auch für die einzelnen Orte der Umfang der erfaßten Arbeitsvermittlung von allergrößter Bedeutung ist. Denn dort, wo die Arbeitsvermittlung überhaupt nur zu einem kleineren Teile an den berichterstattenden Arbeitsnachweisen vor sich geht oder wo mehrere berichterstattende Arbeitsnachweise im gleichen Berufe vermitteln (öffentlicher Arbeitsnachweis, Arbeitnehmer- und Arbeitgebernachweis) zeigen sich fast die gleichen Mängel wie bei der interlokalen Zusammenfassung. Es ist eine Vervielfachung des Angebotes und der Nachfrage vorhanden, die durch die ungleiche Registrierung noch verschlimmert wird. Dabei ist zu bedenken, daß die ganze Statistik der Arbeitsnachweise eine reine Geschäftsstatistik[2] ist. Daß diese Buch-

---

[1] Gerhard Keßler sagt in den Vorbemerkungen zu seinem Buche „Die Arbeitsnachweise der Arbeitgeberverbände", Leipzig 1911: „... Die Statistik des deutschen Arbeitsmarktes ist bis heute über verspätet erscheinende, dürftige und lückenhafte Monatsberichte noch nicht hinausgekommen."

[2] Vgl. auch Verhandlungen der III. Verbandsversammlung bayer. Arbeitsnachweise 1910 (S. 22).

führung noch keine Statistik der Arbeitslosen ist, hebt das Reichsarbeitsblatt mit vollem Rechte scharf hervor, und es muß dies heute noch schärfer wiederholt werden, da vielfach geglaubt wird, daß die Statistik der Arbeitsvermittlung allein schon ein guter Gradmesser der Arbeitslosigkeit sei und daß er sich noch verbessere, wenn diese Statistik mit anderen Äußerungen des Arbeitsmarktes zusammengefügt werde [1].

Es ist auch zu bedenken, daß aus der Zusammenfassung ungleicher und ungenauer Elemente kein genaueres Element entsteht. Der Hinweis, daß die berichterstattenden Arbeitsnachweise nur einen Teil der arbeitsuchenden und arbeitgebenden Personen umfasse, besteht heute noch zu Recht ebenso wie der Hinweis, daß gerade dann, wenn der Beschäftigungsgrad niedrig ist, viele sich am Arbeitsnachweis gar nicht melden, weil sie wissen, daß sie keine Arbeit bekommen; und man kann noch hinzufügen, daß viele Arbeitsuchende am Arbeitsnachweis gar nicht gebucht werden [2], weil man weiß, daß sie nicht untergebracht werden können, und daß viele dort gebucht werden, die nur eine Bestätigung über nachgesuchte Arbeit wollen. Diesen Leuten ist die Bestätigung wertvoller wie Arbeit, da sie vielfach einbringlicher ist als Arbeit, soweit sie nämlich zum Bettel benützt wird. Solange der Arbeitsnachweis nicht zentralisiert oder wenigstens so organisiert ist, daß die einzelnen Arbeitsnachweise miteinander in engste Verbindung treten und dadurch eine Individualstatistik ermöglicht wird, und solange nicht die öffentlichen Arbeitsnachweise die hauptsächlichsten Träger der Arbeitsvermittlung sind, ebensolange kann der Arbeitsnachweis kein richtiges Bild der jeweiligen Beschäftigungslage geben, er kann nur Symptome wiedergeben.

Bei der Würdigung der den Ziffern des Arbeitsnachweises beigegebenen Situationsberichte ist nur zu sagen, daß sie eine treffliche Beleuchtung der Ziffern zu geben vermögen, wenn sie nicht nur den Zahlen entnommen sind und wenn sie von Stellen abgegeben werden, die zur Beurteilung der Situation die nötige Zeit und Schulung, insbesondere den unbedingt notwendigen Einblick in das ganze Wirtschaftsgetriebe haben. Bei der Abfassung dieser Situationsberichte müssen die jeweiligen örtlichen Verhältnisse genau berücksichtigt werden. Dies kann natürlich erst dann in sachgemäßer Weise erfolgen, wenn die Zersplitterung der Arbeitsnachweise aufgehört hat.

---

[1] Vgl. auch Verhandlungen der III. Verbandsversammlung bayer. Arbeitsnachweise 1910 (S. 19 und 23).
[2] So bucht der Arbeitsnachweis der Arbeitgeber des Münchener Baugewerbes nur diejenigen Arbeitsuchenden, welchen sofort eine Stelle nachgewiesen werden kann; darum stimmen auch die Stellengesuche, die Stellenangebote und die besetzten Stellen völlig überein. S. z. B. Jahresbericht des städt. Arbeitsamtes München 1910 S. 26.

Eine notwendige und wertvolle Ergänzung erfahren die Situationsberichte der Arbeitsnachweise durch die Berichte bedeutender Firmen, industrieller Verbände und der Handelskammern.

Auch bezüglich der zweiten Erkenntnisquelle der Lage des Arbeitsmarktes, nämlich der Bewegung des Mitgliederstandes der Krankenkassen muß auf das treffende Urteil des Reichsarbeitsblattes a. a. O. hingewiesen werden. Die Zersplitterung der Krankenkassen bildet das gleiche Hindernis wie die Zersplitterung des Arbeitsnachweises. Dort, wo die Ortskrankenkassen die ihnen gebührende Bedeutung erreicht haben, steht es ja besser. Aber die Krankenkassen umfassen auch heute noch lange nicht alle Arbeiter, so insbesondere nicht die in den Großstädten immer mehr sich herausbildende Klasse der Gelegenheitsarbeiter. Und gerade diese sind zur Erkenntnis des Problemes der Arbeitslosigkeit eine sehr wichtige Masse. Auch andere große Kategorien von Arbeitern waren bis jetzt der Versicherungspflicht nicht unterworfen[1]; es handelte sich fast durchwegs um solche Kategorien, deren Risikoübernahme schon die Krankenkasse scheute, also um Leute, die ganz besonders oft der Arbeitslosigkeit verfallen. Und die Erkenntnis dieser Massen verschließt uns die Statistik der Krankenkassen vollständig, die sonst sehr wertvoll ist und die noch besser ausgestaltet werden könnte z. B. nach der Richtung der An- und Abmeldungen in den einzelnen Betrieben und Gewerbegruppen. Von einer einheitlichen Organisation der Krankenkassen könnte natürlich ganz anderes geboten werden, aber sie ist jetzt nicht da und kommt auch durch die R.V.O. nicht, wenn sich auch hierin manches zum Besseren wendet.

Die Auf- und Abwärtsbewegung einer großen Ortskrankenkasse wie z. B. der Münchener oder Leipziger darf unser bestes Interesse beanspruchen; die z. B. von der Münchener Ortskrankenkasse Tag für Tag gemachten graphischen Anschreibungen über den Zu- und Abgang von Mitgliedern und von Kranken und über die berechneten Prozentzahlen sind ein hochinteressanter lebendiger Ausdruck der Gestaltung dieser Krankenkasse; aber diese Darstellung darf nicht einfach in den Zahlen und in ihren sinkenden oder steigenden Strichen betrachtet werden, nein, sie muß daneben auch den inneren Vorgängen folgen, die manniggestaltig sein können: Reorganisation, Aufhebung anderer Krankenkassen, Übernahme vorübergehend auswärts Arbeitender, ja sogar dauernd auswärts Wohnender, Streik, Aussperrung, Errichtung neuer Betriebe, Vergrößerung alter Betriebe usw.

---

[1] Dies ändert sich durch die Reichsversicherungsordnung, die den Kreis der versicherungspflichtigen Personen viel weiter gezogen hat; zu den bisherigen 14 Millionen Versicherten treten noch weitere 8 Millionen hinzu.

Die dritte und vielleicht reinste Quelle der Erkenntnis des Arbeitsmarktes fließt aus den Organisationen der Arbeiter. In den Arbeiterorganisationen Deutschlands schließt sich eine starke Minderheit der Arbeiter zusammen, die durch ihre Qualität und sachgemäße, zielbewußte Leitung alle Beachtung verdient. Es war daher nur zu begrüßen, daß das Reichsarbeitsblatt in Anlehnung an die Gepflogenheiten der Labour Gazette und der belgischen und französischen arbeiterstatistischen Zeitschriften sich an die deutschen Arbeiterorganisationen wandte und mit deren bereitwilliger Hilfe seit Juli 1903 vierteljährliche und seit April 1911 auch noch verkürzte monatliche Übersichten über die Arbeitslosigkeit in den deutschen Fachverbänden bringt. Diese Übersichten sind deshalb besonders wertvoll, weil die Mitgliederzahl in Beziehung gesetzt wird zur Arbeitslosenmasse innerhalb des einzelnen Fachverbandes, weil diese Fachverbände im großen und ganzen nach den großen Gewerbearten abgeteilt sind und weil nur solche Verbände berücksichtigt sind, welche Arbeitslosenunterstützung bezahlen. Da diese Unterstützungsgelder genau gebucht werden müssen wie bei jedem bürgerlichen Kassengeschäfte, so bekommt man dadurch mit wenigen Ausnahmen die wirkliche Zahl der Arbeitslosen innerhalb einer gegebenen Personenmasse, man nähert sich also den Erfordernissen der statistischen Wissenschaft. Und wenn auch nur ein Ausschnitt der Gesamtmasse der Arbeiter gegeben wird, so ist doch das Wertvolle daran, daß die Masse tatsächlich ist und mit einer anderen tatsächlichen Masse verglichen werden kann. Einige Unstimmigkeiten ergeben sich allerdings auch hier, da z. B. nicht mitgezählt sind diejenigen, welche Wartezeit durchmachen und diejenigen, welche ausgesteuert [1] sind. Eine weitere Verarbeitung der bei diesen Organisationen liegenden Aufzeichnungen wäre höchst interessant und wünschenswert, kann aber von den Arbeitersekretären nicht durchgeführt werden.

Neben der Statistik der Arbeitsvermittlung, der Krankenkassen und der Arbeitslosigkeit in Fachverbänden bringt das Reichsarbeitsblatt auch jedes Vierteljahr eine Statistik über den Erlös der bei den einzelnen Versicherungsanstalten verkauften Marken der Invalidenversicherung. Auch hier weist das Reichsarbeitsblatt in Nr. 1 des I. Jahrganges treffend auf die Fehlerquelle hin, so insbesondere darauf, daß der monatliche Verkaufserlös auch von anderen Umständen abhängt, die mit der Bewegung des Arbeitsmarktes nichts zu tun haben

---

[1] Ausgesteuert sind diejenigen Mitglieder der Organisationen, welche die jeweilige Unterstützung im vollen Betrage erhalten haben und infolgedessen eine neue Wartezeit durchmachen müssen, bis sie wieder unterstützungsberechtigt werden.

(Kauf auf Vorrat, Nachklebung, verschiedene Handhabung der Kontrolle über die Verwendung von Beitragsmarken). Störend ist insbesondere, daß Marken geklebt werden müssen für Personen, die auch nur an einem Tage der Woche eine versicherungspflichtige Beschäftigung ausüben. Es ist also ein Ausweis für die Beschäftigung eines einzigen Tages, während die Arbeitslosigkeit für fünf Tage nicht ausgewiesen ist. Daß die Fehlerquellen bis zu einem gewissen Grade sich ausgleichen und daß somit auch dieser Methode immerhin eine gewisse Bedeutung zukommt, darin ist dem Urteil wohl beizustimmen [1].

Mit Ausnahme der Mitteilungen der Arbeiterorganisationen stehen die gewonnenen Zahlen aus dieser ganzen Arbeitsmarktstatistik isoliert d. h. ohne Beziehung auf die gesamte Arbeitermasse da, und mit Ausnahme des Verkaufserlöses aus den Invalidenmarken werden nur Teilresultate geboten. Gewiß ist diese ganze Arbeitsmarktstatistik von Bedeutung, da sie in großen Zügen ein Bild von der wirtschaftlichen Lage gibt, aber sie kann eine gute Arbeitslosenstatistik nicht ersetzen und ist heute noch eines besseren Ausbaues sehr bedürftig.

Damit wären die mittelbaren Erkenntnisquellen, aus denen die amtliche Statistik in Deutschland hauptsächlich schöpft, besprochen. Daneben gibt es auch in den einzelnen deutschen Bundesstaaten noch besondere Veröffentlichungen über den Arbeitsmarkt, die zum Teil auf einer ähnlichen Grundlage beruhen. So gibt das Bayerische Statistische Landesamt seit dem Jahre 1909 allmonatlich gesonderte Berichte über die Lage des Arbeitsmarktes in Bayern heraus.

Eine andere Form der Arbeitslosenstatistik stellen die Berichte der Arbeitslosen-Versicherungskassen dar, z. B. der in Köln, in Leipzig, in Straßburg usw. und der von den Gemeinden unterstützten Einrichtungen der Arbeiterorganisationen nach dem Genter System. Soweit diese in Betracht kommen, hat man es mit Veröffentlichungen der Organisationen zu tun, die allerdings einer amtlichen Kontrolle unterliegen; jene aber machen sehr genaue Statistiken auf, die leider nur für einen kleinen und besonderen Teil der Arbeiter Gültigkeit und deshalb für die Arbeitslosenstatistik nicht die Bedeutung haben, die sie vermöge ihrer Genauigkeit sonst haben müßten. Immerhin ist diese Statistik, da sie alle persönlichen Verhältnisse der Arbeitslosen und insbesondere die Dauer der Arbeitslosigkeit umfaßt, eine der interessantesten, die vorhanden sind. Auch hier wird die Zahl der Arbeitslosen zu den

---

[1] Die Zahl der Wochenbeiträge stieg von 427 182 950 im Jahre 1891 fast ununterbrochen aufwärts (Ausnahmen: 1892 und 1900) bis auf 674 194 986 im Jahre 1909; die Einnahmen aus Beiträgen stiegen im gleichen Zeitraum von 88,9 Mill. M. auf 171,8 Mill. M. (R.A.Bl. Jg. 1911, Nr. 1, S. 43).

Kassamitgliedern in Beziehung gebracht; aber die Beziehungszahlen sind so groß, daß man das Abnorme sofort erkennen kann, und damit entfällt für die der Kasse nicht angeschlossene Arbeitermasse jedwede Vergleichsmöglichkeit. Es ist also wiederum mehr eine Geschäftsstatistik der betreffenden Einrichtungen, mit der sich nicht allzuviel anfangen läßt[1].

Außer den bis jetzt erwähnten Statistiken können noch in Betracht gezogen werden die Erhebungen über die Armen, über den Bettel und das Vagabundentum, über die Obdachlosen und die ganze Kriminalstatistik. Alle diese Erscheinungen stehen in einem gewissen Zusammenhange mit dem Elende der Arbeitslosigkeit. Der Arbeitslose wird zum Armen, wenn er sich gar nicht mehr helfen kann, er wird zum Bettler und Vagabunden, wenn er einmal die Scheu vor dem Nichtstun überwunden und sich an die leichte Erwerbsart des Bettels gewöhnt hat, er verliert seine Wohnstätte, und zuletzt kommt er durch seinen schlechteren Teil in die Maschen der Strafjustiz; dann ist er meist ein verlorenes Mitglied der menschlichen Gesellschaft. Inwieweit allerdings diese Erscheinungen mit der Arbeitslosigkeit verkettet sind, läßt sich zahlenmäßig nicht feststellen. Als sicher aber darf das eine angenommen werden, daß schlechte wirtschaftliche Verhältnisse und große Arbeitslosigkeit nur zu gute Kanäle für das Sammelbecken der Armut, des Bettels und des Verbrechens sind.

Alle diese vorher erwähnten mittelbaren Ermittlungen der Arbeitslosen aber umfaßten und umfassen heute noch nur einen Teil der Arbeitslosen. In den achtziger Jahren des vorigen Jahrhunderts machte sich daher in Deutschland das Bedürfnis geltend, die gesamte Masse der Arbeitslosen zu erfassen, um so ein Bild zu erhalten über den Umfang der Arbeitslosigkeit und um so die Unterlagen zu gewinnen für eine ausreichende und sachgemäße Hilfe. Deutschland hatte schon mit der Erhebung über den Umfang der öffentlichen Armenpflege im Deutschen Reiche im Jahre 1881 einen vorbereitenden Schritt getan[2]. Bei dieser Erhebung wurden nämlich auch die Ursachen der Verarmung, darunter die Arbeitslosigkeit, erfragt. Freilich konnte man auf diese Weise nur diejenigen Arbeitslosen erfassen, welche sich in den Schoß der Armenpflege geflüchtet hatten; das viel größere Heer der wandernden und darbenden Arbeitslosen aber blieb

---
[1] Anders verhält es sich mit der Statistik der staatlich anerkannten Arbeitslosenkassen in Dänemark und Norwegen. Auch hier ist die Mitgliedschaft der Organisationen im großen und ganzen maßgebend, aber die organisierten Arbeiter stellen annähernd die Hälfte aller Arbeiter dar, und dann ist die Möglichkeit des Anschlusses Nichtorganisierter gesetzlich vorgesehen. Damit ist dem Ideal einer Arbeitslosenstatistik bedeutend näher gerückt.
[2] S. Statistik des Deutschen Reiches, Neue Folge, Bd. 29, S. 1 ff.

außerhalb der Erhebung. Da die Aufnahme für ein vergangenes Jahr gemacht werden sollte, so waren sichere Grundlagen für die zu liefernden Nachweise vielfach nicht vorhanden; auch wurden die Resultate in einzelnen Staaten auf verschiedene Art gewonnen, worunter die Vergleichbarkeit litt. Die Resultate wurden daher nicht veröffentlicht. Einen günstigeren Abschluß fand die Statistik der öffentlichen Armenpflege für das Kalenderjahr 1885. Die Erhebung erstreckte sich auf das ganze Jahr und wurde in der Mehrzahl der Staaten mittels einer (Individual-)Zählkarte (so in Preußen) durchgeführt. Einige Staaten (darunter Bayern) ließen gleichfalls Zählkarten, daneben aber noch Verzeichnisse über die Unterstützten aufstellen; der Rest der Staaten wählte die ausschließliche Verwendung von Verzeichnissen. Die Formulare wurden fast überall von den Vorständen der Armenverbände oder Armenbehörden ausgefüllt. In Elsaß-Lothringen erfolgte die Erhebung getrennt für die offene und für die geschlossene Armenpflege. Auch diese Erhebung erfragte die Ursachen der Verarmung, unter anderem die Krankheit und die Arbeitslosigkeit. Als arbeitslos wurden im ganzen Reich 35 427 Selbstunterstützte gezählt (auf diese kamen 60 041 Mitunterstützte, so daß im ganzen 95 468 Personen wegen Arbeitslosigkeit unterstützt werden mußten). Diesen 35 427 Arbeitslosen standen 11 315 Arbeitsscheue gegenüber.

Ähnliche Erhebungen waren auch in einzelnen Bundesstaaten schon vorher gemacht worden; so waren in Sachsen schon durch den im Jahre 1831 gegründeten „Statistischen Verein für das Königreich Sachsen" Nachrichten über das Armenwesen gesammelt worden. Auch in Bayern sind seit der Instruktion vom 24. Dezember 1833 über die Behandlung des Armenwesens jährliche Erhebungen über den Stand des Armenwesens gemacht worden[1]. Schon in den statistischen Nachweisungen über das Armenwesen in Bayern für das Kalenderjahr 1868 sind die Armen differenziert in arbeitslose Erwerbsfähige, teilweise Erwerbsfähige, ganz Erwerbsunfähige, Werktags- und Sonntagsschulpflichtige.

Noch in den achtziger Jahren aber ging man in der Schweiz zu Versuchen einer unmittelbaren Erfassung der Arbeitslosen über, und zwar zuerst in den Städten mittels spezieller Aufnahmen[2]. Zürich, Bern, Basel und Genf ermittelten in Zeiten von Arbeitsmangel, um über die Zahl der Unterstützungsbedürftigen Aufschluß zu erhalten, die Arbeitslosen in der Weise, daß diese sich bei irgendeiner Stelle, meist bei einem

---

[1] Vgl. Zeitschrift des Kgl. Bayer. Statist. Bureaus vom Jahre 1869, S. 103.
[2] Dr. K. Bücher, Die Bevölkerung des Kantons Basel-Stadt vom 1. Dezember 1888, Basel 1890, S. 81 und Tabelle XXVII.

zu diesem Zwecke gebildeten „Komitee" persönlich oder schriftlich zu melden hatten. Doch scheinen die Erhebungen nicht besonders gelungen zu sein, denn Bücher sagt von ihnen, daß sie in jeder Hinsicht unzuverlässig blieben. Einen anderen Weg schlug der Kanton Basel-Stadt ein. Hier wurde gleichzeitig mit der schweizerischen Volkszählung vom 1. Dezember 1888 eine Arbeitslosenzählung mit großer Sorgfalt durchgeführt. In zahlreichen Fällen fanden Nachprüfungen statt. Bei einer Gesamtbevölkerung von 73 749 Personen gab es 27 504 beschäftigte Arbeiter, welchen 738 Arbeitslose gegenüberstanden = 2,7 %, von denen allerdings 120 Arbeitslose nur vorübergehend anwesend waren zum Aufsuchen von Arbeit. Ein zweiter Versuch folgte im Jahre 1894 in Zürich. Der dritte wieder in Basel und gleichzeitig in Zürich mit der Volkszählung vom 1. Dezember 1900. In Basel-Stadt betrug damals die ortsanwesende Bevölkerung 112 885 Personen, die Zahl der Arbeitnehmer 36 194 und die Zahl der Arbeitslosen 1036, also 2,9 % der Arbeitnehmer. Die geführten Nacherhebungen verbesserten das Momentbild bedeutend, denn von 1535 gezählten Arbeitslosen mußten 499 ausgeschieden werden [1].

Inzwischen hatte auch in Utrecht im Jahre 1893 eine Arbeitslosenzählung stattgefunden [2]. Vorher schon hatte Stockholm während des arbeitslosen Winters von 1890 wöchentliche Aufnahmen der Arbeitslosen vorgenommen in der Weise, daß die Arbeitslosen zu einer bestimmten Stunde und an einem bestimmten Orte sich melden mußten [3].

Im Winter 1893 haben auch in Deutschland einige Städte Arbeitslosenzählungen vornehmen lassen durch ein städtisches Organ (Oberbürgermeister, Gemeindevorstand und Armenpflegerschaft), so Harburg, Rixdorf und Ludwigshafen. Diese Zählungen können aber auf Vollständigkeit ebenfalls keinen Anspruch machen.

Die neueren städtischen Zählungen seit dem Anfange dieses Jahrhunderts suchen wenigstens sich an die Masse zu wenden, freilich mit verschiedenen Methoden wie oben gezeigt und mit verschiedenem Erfolge. Nur wenige Städte haben diese Zählungen regelmäßig fortgesetzt, die meisten haben die Zählungen nur einmal oder in unregelmäßigen Zwischenräumen vorgenommen. Köln, Nürnberg und Magdeburg haben bessere Erfahrungen gesammelt durch periodische Zählungen. Immerhin ist die Zahl der Städte, die gleichzeitig und nacheinander dieser Statistik ihr Augenmerk gewidmet haben, sehr groß.

---

[1] Die Bevölkerung des Kantons Basel-Stadt am 1. Dezember 1900 von Dr. Stefan Bauer, Basel 1905.
[2] Vgl. den Bericht von Methorst an die Internat. Konferenz 1910.
[3] Vgl. den Bericht von Huß an die Internat. Konferenz 1910.

Den Anfang machte Stuttgart am 19. Februar 1902, das zuerst sogar jährlich drei Zählungen durchführen wollte, nämlich am 1. November, 1. Februar und 1. Juli, doch von diesem Plane bald wieder abkam. Am 12. Oktober 1902 zählte Dresden, am 7. Dezember des gleichen Jahres Magdeburg, am 17. Januar 1904 Köln, das seitdem jährlich zweimal gezählt hat, das letzte Mal am 22. Januar 1911; Charlottenburg zählte 1904 dreimal (im Februar, Juli und November), Hannover im Februar, München im November 1904. Nürnberg zählte vom Jahre 1908 an bis zum 11. Januar 1911 im ganzen fünfmal. Die Ergebnisse der Zählungen in Köln und Nürnberg sind in den Tabellen VII und VIII ausgewiesen.

Als dritte Art der direkten Erhebung der Arbeitslosen kommen die gewerkschaftlichen Zählungen in Betracht. Als Vorläuferin können die anfangs der 90er Jahre des vorigen Jahrhunderts durchgeführten Erhebungen einzelner deutscher Gewerkschaften unter ihren Mitgliedern gelten. Es wurde aber alsbald als richtig erkannt, daß solche Erhebungen, beschränkt auf einen bestimmten Kreis von Arbeitern, allgemeine Gültigkeit nicht beanspruchen und daß auch die angewandten Methoden keineswegs zum Ziele führen konnten. Dr. Heinrich Braun gab daher 1892 die Anregung[1], die Gewerkschaften in ihrer Gesamtheit sollten alle Arbeitslosen eines Ortes zählen. Die Gewerkschaften griffen den Gedanken von Braun rasch auf und führten noch im Winter 1893 an vielen größeren Orten Deutschlands Arbeitslosenzählungen durch. An manchen Orten machten die Presse und die Behörden Schwierigkeiten. In Dresden wurde die Vornahme der Zählung durch das Gewerkschaftskartell von der Polizeiverwaltung verboten[2]. Nach einer Zusammenstellung von K. Oldenberg[3] wurden im Januar und Februar 1893 an 31 Orten die Arbeitslosen gezählt. Es ergaben sich 41615 Arbeitslose. Die um einen Zuschlag von 6% zur Volkszählung von 1890 erhöhte Bevölkerungszahl der 31 Orte betrug rund 2580000; es waren somit ca. 1,61% der ganzen Bevölkerung arbeitslos[4]. Wird die Zahl der Arbeitslosen in Beziehung gebracht zur Zahl der Arbeitnehmer, die Oldenberg nach dem Verhältnis bei der Berufszählung von 1882, wo in den Ortschaften von mehr als 5000 Einwohnern 23% der Bevölkerung den Arbeitnehmern angehörten, auf ca. 594000 berechnet, so kommen 7 Arbeitslose auf 100 Arbeitnehmer. Oldenberg sagt, daß diese Arbeitslosenzahlen zu groß und zu klein seien: zu groß, weil Kranke,

---
[1] Sozialpolitisches Zentralblatt, II. Jahrg., Nr. 2 (Nachfolgerin: Soziale Praxis).
[2] Zeitschr. des Kgl. Sächs. Statist. Bureaus, Jahrg. 1894, S. 162.
[3] Im Sozialpolitischen Zentralblatt (II. Jahrg. 1892/1893, Nr. 32).
[4] S. oben die Ergebnisse der schwedischen Zählungen von 1909 und 1910, die fast die gleiche Bevölkerung umfaßten.

Invalide, Arme und Arbeitsscheue enthalten seien; zu klein, weil viele eigentliche Arbeitslose fehlen; denn Angst, falsche Scham, Egoismus, Gleichgültigkeit und Abneigung gegen eine gewerkschaftliche Zählung hätten viele Arbeitslose gehindert, sich als arbeitslos zu bekennen. Daß diese Zählungen den wissenschaftlichen Anforderungen nicht Stand halten können, ist nichts Außerordentliches, es liegt in der Natur der Sache. Die Arbeiter können derartige allgemeine Erhebungen nicht so durchführen, wie es vom Standpunkte der Öffentlichkeit aus erwünscht ist. Darauf ist schon in der Versammlung des Internationalen Statistischen Institutes in Wien im Jahre 1891 hingewiesen worden. Dort wurde zwar die Mitwirkung der Arbeiter an einer amtlichen Arbeiterstatistik empfohlen, aber nicht die Übertragung dieser wichtigen Statistik an die Arbeiter selbst[1].

Der Wert dieser gewerkschaftlichen Statistik beruht darin, daß die deutschen Gewerkschaften zuerst sich der Arbeitslosenzählungen in Deutschland angenommen und kein Opfer an Arbeit, Zeit und Geld gescheut haben, um die ihnen besonders bekannten Erscheinungen der Arbeitslosigkeit einmal zahlenmäßig zum Ausdruck zu bringen. Es war dies um so notwendiger, als man vielfach meinte, die Armenpflege sorge genügend auch für die Arbeitslosen, obwohl man aus der Reichsarmenstatistik vom Jahre 1885 und aus den Armenstatistiken der Einzelstaaten hätte ersehen können, daß die durch die Armenpflege unterstützten Arbeitslosen bei weitem nicht die Gesamtzahl der Arbeitslosen darstellen, da sie ja nicht sofort zur Armenpflege kommen.

Nach dem Eintritt der Krisis auf dem deutschen Arbeitsmarkte im Jahre 1901 fanden wiederum an vielen Orten Arbeitslosenzählungen durch die Gewerkschaftskartelle statt, die sich auf alle Arbeiter am Orte erstreckten. Sie haben seitdem in geringerer oder größerer Ausdehnung stattgefunden, zumeist aber in Zeiten schlechter Konjunktur und bei schlimmen Witterungsverhältnissen. Deshalb und wegen der diesen Zählungen begreiflicherweise anhaftenden Mängel der Kontrolle, wird wohl manchmal eine Zahl gefunden worden sein, die größer war als die Zahl der wirklichen Arbeitslosen. Immerhin haben sich die Gewerkschaften im Laufe der Zeit bemüht, offenkundige Mängel zu beseitigen und ihre Zählungen auch für die Öffentlichkeit brauchbarer zu machen. In der neuesten Zeit sind ihre Zählungen vielfach sorgfältig vorbereitet und von tüchtigen Ratgebern (insbesondere von den Leitern der städtischen statistischen Ämter) beeinflußt worden. Ja manche ihrer Zählungen, so z. B. in Frankfurt und Halle, wurden sogar mit amtlichen Mitteln unterstützt und einige

---

[1] Zeitschr. des Kgl. Sächs. Statist. Bureaus 1893/94.

dieser Zählungen wurden amtlich bearbeitet; anderswo hat man sich auch bei den städtischen Zählungen der Mitwirkung der Gewerkschaften bedient[1].

In neuerer Zeit sind die Arbeiterorganisationen auch daran gegangen, die L e b e n s v e r h ä l t n i s s e ihrer Mitglieder zu untersuchen und dabei auch der Arbeitslosigkeit ihre Aufmerksamkeit zu schenken. Eine der ersten dieser Erhebungen wird wohl die Untersuchung des Bremischen Arbeitersekretariates über die Lebensverhältnisse der Bremischen Arbeiter sein[2]; sie erstreckt sich auf die Zeit vom 6. Oktober 1900 bis 6. Oktober 1901. Im Jahre 1908 wurde vom Vorstand des deutschen Metallarbeiterverbandes eine Untersuchung über die Lebensverhältnisse deutscher Metallarbeiter auf Grund von Jahreslisten durchgeführt. Von 400 ausgegebenen Listen wurden 320 so geführt, daß sie bearbeitet werden konnten[3]. Der Autor stellte fest, daß derartige Erhebungen nur mit Hilfe von befähigteren, intelligenteren Köpfen ausgeführt werden können, und daß besser gestellte, weniger gut und schlecht entlohnte Arbeiter ausgewählt worden seien. Die Erhebung umfaßte 41 ausgewählte Städte, die sich auf das ganze deutsche Reich verteilten. Verarbeitet wurden nur Jahresrechnungen, soweit sie nicht abnorme Verhältnisse zeigten oder eine falsche und ungenaue Führung verrieten. Die Ergebnisse stimmen vielfach überein mit der Reichserhebung von 1907[4], die 879 Jahresrechnungen (von 3575 ausgegebenen Büchern) verarbeiten konnte. In die Erhebung des Metallarbeiterverbandes wurde auch die Arbeitslosigkeit und die Krankheit einbezogen, während dies bei der Reichserhebung nicht der Fall war. Von den 320 Haushaltungsvorständen waren im Laufe des Jahres 133 arbeitslos und 125 krank geworden (41,6 bzw. 39,1 %), die Zahl der arbeitslosen Tage belief sich auf 4349, so daß auf einen Arbeitslosen im Durchschnitt 32,7 Tage treffen (auf einen Kranken bei 3405 Tagen = 27,2 Krankheitstage). Auch hier ist die Arbeitslosigkeit größer gewesen als die Krankheit. Die Dauer der Arbeitslosigkeit erreichte bei einzelnen Arbeitern eine ganz ungewöhnliche Höhe: 113, 123, 145, 149, 152, 155, ja sogar 186 Tage.

Am 16. Dezember 1911 hat der deutsche Bauarbeiterverband eine Erhebung über die Arbeitslosigkeit begonnen, die sich auf alle Mitglieder (fast 300 000) und auf ein ganzes Jahr erstrecken soll. Die Aufnahme erfolgt in Form einer Zählung an 12 Stichtagen.

---

[1] So zuletzt in München bei der Arbeitslosenzählung am 11. Febr. 1912.
[2] Amtliche Denkschrift 1906.
[3] 320 Haushaltungsrechnungen von Metallarbeitern. Stuttgart 1909. Verl. von Alex. Schlicke & Cie.
[4] Erhebung von Wirtschaftsrechnungen minderbemittelter Familien im Deutschen Reiche, 2. Sonderh. z. Reichsarbeitsblatt.

In anderen Ländern haben die Gewerkschaften sich dieser direkten Feststellung der Arbeitslosen anscheinend nicht bedient[1]. Denn die einzige Erhebung, die hier noch in Betracht käme, wäre die vom allgemeinen Gewerbeamt in Finnland durchgeführte Erhebung vom Jahre 1909. Sie wurde zwar von der gewerkschaftlichen Landeszentrale angeregt und unter ihrer wesentlichen Mitwirkung durchgeführt; aber sie wurde vom allgemeinen Gewerbeamt vorbereitet und bearbeitet unter Beihilfe einer staatlichen Unterstützung von 12 200 fr. Die Erhebung stellt sich dar als eine Erhebung über die Lebensverhältnisse der organisierten Arbeiter; neben der Arbeitslosigkeit wurden auch der Lohn und die Arbeitszeit erhoben. Die Arbeitslosigkeit wurde in der Zahl der Tage und in der Ursache (Mangel an Arbeit, Krankheit, Streik oder Aussperrung) erfaßt. Die Erhebung erstreckte sich auf das ganze Jahr 1909. Interessant daran ist, daß sich von ca. 24 000 Organisierten im Januar und Februar 13 533 bzw. 13 896 also 56,4 bzw. 57,9 % beteiligten, während diese Beteiligung bis zum Jahresschlusse mit einigen kleinen Schwankungen rasch sank, so daß im Dezember nur noch 3873 Arbeiter (16 %) die Hefte einschickten. Der Berichterstatter Snelmann[2] hebt selbst hervor, daß diese Erhebung ihr Ziel verfehlt habe, da ihr die Bedeutung der Massenerhebung fehle. Das gleiche Urteil fällt er über die fast gleichzeitig von dem seitens der Regierung eingesetzten Ausschusse für die Arbeitslosenversicherung vorgenommene Erhebung, die sich allerdings an alle Arbeiterorganisationen (sozialistische, christliche, altfinnische oder verfassungstreue) mit ca. 90—100 000 Mitgliedern wandte und sich nur auf die Wintermonate November 1908 mit Februar 1909 erstreckte. Snelmann beklagt sich insbesondere über das mangelnde Interesse der Arbeiter selbst.

Auf die Resultate aller dieser Zählungen kann im Rahmen dieser Arbeit nicht eingegangen werden; sie sind auch zu ganz verschiedenen Zeitpunkten, nach verschiedenen Methoden und nach verschiedenen Gesichtspunkten vorgenommen worden. Es ist von vornherein klar, daß gewerkschaftliche und städtische Zählungen miteinander nicht verglichen werden können. Man braucht hierbei nur die Berliner Zählungen vom Jahre 1908/09 zu betrachten.

Die Gewerkschaften zählten am 13. Februar 1909 in Berlin und 44 Vororten rund 106 000 Arbeitslose; die städtische Zählung vom 16. Februar 1909, die sich auf Berlin und 19 Vororte erstreckte, ergab nur rund 20 000 Arbeitslose.

---

[1] Die Berichte der einzelnen Staaten an die Internationale Konferenz in Paris 1910 bringen wenigstens nichts über solche direkte Erhebungen.
[2] Die Statistik der Arbeitslosigkeit in Finnland von M. G. R. Snelmann, vorgelegt der Internationalen Konferenz über Arbeitslosigkeit 1910.

Die städtische Zählung vom 17. November 1908, die Berlin und 27 Vororte umfaßte, hatte rund 40 000 Arbeitslose ergeben. Die Methoden dieser Erhebungen waren verschieden. Bei der städtischen Zählung erschienen die Arbeitslosen an Zählstellen, wo besondere Zähler die Arbeitslosenkarten ausfüllten, während die Gewerkschaften von Haus zu Haus zählten (R.A.Bl. Nr. 6 1909).

Die Zahlen sind aber auch zum großen Teile veraltet. Die nötigen Schlußfolgerungen aus ihnen sind selten gezogen worden. Sowohl die Reichsarbeitslosenzählung von 1895 wie die meisten städtischen Zählungen haben nur wenigen Beteiligten Veranlassung gegeben, der Lösung des Problemes der Arbeitslosigkeit näher zu treten. Die Arbeiterorganisationen aber vermögen gerade dann, wenn die Arbeitslosigkeit groß ist, wie dies bei den Saisonarbeitern, bei den Landarbeitern und Bauarbeitern und in Krisenzeiten der Fall ist, nichts auszurichten; sie können nicht einmal für ihre eigenen Mitglieder sorgen, geschweige denn für Nichtmitglieder. Sie können nur immer wieder die ganze Gesellschaft auf das Elend der Arbeitslosigkeit aufmerksam machen und ihre bestehenden Einrichtungen ergänzen und verbessern; ja, diese Ergänzungen und Verbesserungen rufen oft genug den stärksten Widerstand der Mitglieder hervor, die immer größere Beiträge zahlen müssen. Die Belastung des Arbeiterlohnes durch die Sozialversicherung und durch die Organisationsbeiträge ist an und für sich schon eine große und kann nicht willkürlich gesteigert werden. Es ist nicht an dem, daß eine Arbeiterorganisation einfach eine Unterstützungseinrichtung schafft durch Erhöhung der Beiträge. Leicht könnte dadurch der Organisation geschadet werden und leicht könnte es der Fall sein, daß trotz der hohen Beiträge die Einrichtung nicht zur vollen Wirksamkeit käme. Nur eine starke Organisation kann bei günstigen, gewerblichen Verhältnissen solche Einrichtungen schaffen und erhalten und damit ihre Mitglieder gegen die schlimmsten Folgen der Arbeitslosigkeit schützen. Auch liegen ihre Hilfsmittel fast ausschließlich in der Richtung der Geldunterstützung; sie können keine neue Arbeit schaffen, die Arbeitsvermittlung nicht wirksamer gestalten und die fremden Konkurrenten nicht ausschalten. Ihre Maßnahmen gegen die Arbeitslosigkeit sind also nach innen und nach außen beschränkt, ja sie sind sogar gelegentlich gehemmt durch die Abneigung gewisser gesellschaftlicher Kreise gegen die Arbeiterorganisationen überhaupt. Damit entfällt aber auch ihre alleinige Pflicht, dieses Problem zu lösen. Sie können nur mit ihren Kräften arbeiten und immer wieder das Interesse der ganzen Gesellschaft zu erwecken suchen.

Aus der Darstellung der Verzeichnungen und der Zählungen der Arbeitslosen ist ersichtlich, daß in vielen Staaten, namentlich aber in Deutschland, zerstreut liegende Versuche gemacht worden sind, Erkenntnis über die Arbeitslosigkeit zu gewinnen. Direkte Erhebungen über die Arbeitslosigkeit, welche das Gebiet eines ganzen Staates umfassen, sind bisher nur vereinzelt vorgenommen und wiederholt worden, so in Frankreich und Ungarn. Deutschland hat nur im Jahre 1895 zweimal gezählt und seitdem eine Arbeitslosenzählung über das ganze Reichsgebiet nicht mehr durchgeführt. Die einzelnen deutschen Bundesstaaten haben seit dieser Reichserhebung auch nicht mehr gezählt, so daß für die Gegenwart oder eine nahe gelegene Vergangenheit erschöpfende Zahlen über die Arbeitslosigkeit nicht vorliegen. Die in vielen deutschen Städten vorgenommenen Arbeitslosenzählungen haben nur örtliche Bedeutung und sind zudem, wie bereits gesagt, nach verschiedenen Methoden vorgenommen worden.

Bei der Betrachtung all dieser Feststellungen der Arbeitslosigkeit und der daraus nur in bescheidenem Umfange erflossenen Maßnahmen zur Bekämpfung der Arbeitslosigkeit drängt sich mit unwiderstehlicher Gewalt der Gedanke auf, daß die Arbeitslosenstatistik wohl in allen Staaten **vernachlässigt worden ist**.

Es muß daher befremden, daß man – während doch allerseits die Meinung herrscht, daß die Arbeitslosigkeit ein Übel sei, das entweder selbst oder wenigstens in seinen Folgen aus der Wirtschaft der kulturell höher stehenden Staaten ausgemerzt werden müsse — nicht diejenigen Maßnahmen trifft, welche die Erkenntnis der Arbeitslosigkeit herbeiführen und damit die Möglichkeit schaffen, eine organische Arbeitslosenfürsorge zu inaugurieren. Besonders auffallend ist, daß man die Fürsorge gegen Arbeitslosigkeit zwar abhängig machen will von der Erforschung der Arbeitslosigkeit, diese Erforschung selbst aber sich vorzunehmen scheut. Ja, es wagt sich sogar manchmal die Meinung hervor, daß die statistische Wissenschaft in der Frage der Feststellung der Arbeitslosigkeit ihre Aufgabe nicht erfüllen könne. So weist Léon Bourgeois auf der internationalen Konferenz über Arbeitslosigkeit in Paris 1910 darauf hin [1], daß Frankreich aus den Zählungen von 1896, 1901 und 1906 keine besseren Schlußfolgerungen ziehen könne als es eben ziehe; dabei hat aber Frankreich für seine täglich vorhandenen 3—400 000 Arbeitslosen kaum Nennenswertes getan (nach Bourgeois). Gibbon verlangte auf dem gleichen Kongresse, daß man die Debatte über die Arbeitslosenstatistik einstellen und dafür die Arbeitslosenfürsorge behandeln solle. Das Statistische Amt der Stadt Nürnberg stellte im Jahre 1910 den Antrag, „die Arbeitslosenzählungen in Zukunft einzuschränken und von einer regelmäßigen, zweimal jährlichen

---

[1] Léon Bourgeois, La question du chômage en France S. 7.

Zählung abzusehen."[1] Begründet wurde der Antrag damit, daß das Ergebnis der Zählungen kaum im Verhältnis stehe mit dem Aufwand an Geld (1000—1200 M. für die Zählung) und Arbeit; das Verhältnis der bis jetzt gefundenen Arbeitslosen sei ein normales: praktische Vorteile könnten weitere Zählungen nicht versprechen; für die Notstands- und Winterarbeiten könnten sie nicht benützt werden und zu einer städtischen Arbeitslosenversicherung böten sie genügende Unterlagen. Gemäß dem Antrage findet fortan nur mehr die Winterzählung statt.

All dies kann nur dadurch verständlich sein, daß man sich ernstlich mit der Arbeitslosenfürsorge nicht befassen will, oder daß man — und dies gilt besonders für Deutschland — diese Sorge nicht vereinzelt übernehmen, sondern sie dem Staate (bzw. dem Reiche) zuweisen will. Dabei wird man wohl auch das Empfinden haben, daß das Verhältnis zwischen normaler und anormaler Arbeitslosigkeit noch keineswegs geklärt ist, daß aber in der Fürsorge für beide ein Unterschied gemacht werden muß.

III.

Es wäre nun sicher sehr wertvoll, das **Verhältnis zwischen normaler und anormaler Arbeitslosigkeit zu klären**. Die Schwierigkeiten liegen aber auf der Hand; es fehlt vor allem eine seit Jahren durchgeführte Statistik, die uns allein einen Einblick in die Masse der Arbeitslosen und ihre Beziehungen zu den übrigen Arbeitnehmern und zur ganzen Bevölkerung verschaffen, die uns Regelmäßigkeiten zeigen könnte. Denn daß Regelmäßigkeiten auch in den Fluten der Arbeitslosigkeit wirksam sind, kann wohl kaum zweifelhaft sein. Gewisse Regelmäßigkeiten offenbaren sich ja heute schon, so die, daß die Arbeitslosigkeit im Winter größer ist als im Sommer, daß die Arbeitslosigkeit in den Saisonbetrieben stark wechselt, daß die Arbeitslosigkeit mit der Konjunktur in der entgegengesetzten Richtung steigt oder fällt, daß sie in den Städten und namentlich in den Großstädten größer ist als auf dem Lande, daß sie in manchen Gewerben, für die umfassendere Angaben vorliegen, auf- und absteigt, ja daß sie in manchen Gewerben sogar stationär ist (Tabelle II und IV). Aber all diese Kenntnisse reichen bei weitem nicht aus, in das feinere Getriebe der Arbeitslosigkeit hineinzuschauen.

Ohne Zweifel gibt es auch eine normale Arbeitslosigkeit, ebenso wie es einen normalen Krankenstand gibt, der gegenwärtig noch stark beeinflußt wird von der Höhe der Arbeits-

---

[2] Heft 1 der Mitteilungen des Statistischen Amtes der Stadt Nürnberg 1911, S. 17.

losigkeit. Viele Arbeitslose wenden sich eben mangels anderer Einrichtungen an die Krankenkassen; dies sieht man am deutlichsten daraus, daß die Zahl der Kranken relativ um so höher ist, je niedriger der Mitgliederstand ist und umgekehrt. Ein besonders guter Maßstab dafür sind die großen Krankenkassen, namentlich die allgemeinen Ortskrankenkassen [1].

Ebenso wäre es wünschenswert, näheres über das **Verhältnis zwischen Krankheit und Arbeitslosigkeit** zu wissen. Es ist doch geradezu etwas Eigentümliches, daß überall dort, wo beide Erscheinungen nebeneinander gemessen werden, ihre Zahlen sich einander nähern, ja es ist sogar vielfach so, daß die Zahl der wirtschaftlich Kranken die Zahl der körperlich Kranken übersteigt. Dies ist ersichtlich aus der Reichs-Arbeitslosenzählung von 1895 [2] ebenso wie aus den Aufzeichnungen der Arbeiterorganisationen. Am 14. Juni 1895 wurden 99 691 Kranke und 143 166 Arbeitslose gezählt, am 2. Dezember aber 179 659 bzw. 479 091. Im Juni betrugen die Arbeitslosen 58,95 % aller überhaupt außer Arbeit stehenden Arbeitnehmer, im Dezember sogar 72,73 %. In den Berichten der Arbeiterorganisationen finden sich mehr Näherungswerte, meist ist aber die Zahl der Arbeitslosen etwas höher als die Zahl der Kranken. Bei guter Beschäftigung sinkt sie allerdings unter die Krankenziffer. Ob wohl in diesem Verhältnis etwas Normales ist? Es ist schwer, dies zu sagen, ohne daß man über Zahlenreihen der ganzen Masse der Arbeitnehmer verfügt. An sich scheint es schon abnorm, daß die wirtschaftliche Erkrankung ebensogroß sein soll wie die körperliche Krankheit. Denn diese ist doch wenigstens etwas Natur-

---

[1] Es ist oben schon gezeigt worden, daß die Münchener Ortskrankenkasse meist anfangs Februar ihren tiefsten Mitgliederstand hat. Ganz konform damit ist zu dieser Zeit die Krankenziffer am höchsten, wie sie zur Zeit des höchsten Mitgliederstandes am niedrigsten ist. Das Prozentverhältnis der Kranken zum Mitgliederstand in seiner täglichen Anschreibung stellt sich überhaupt als eine sehr interessante Kurve dar. Die Kurven von 1905—1910 zeigen sich im Februar als ein hohes, massiges Gebirge, fallen fast gleichmäßig zu Tal unter Verengerung des Massivs, verjüngen sich fortwährend bis Mitte Juli, steigen dann, sich wenig entfernend, ein bißchen an bis Mitte August, um von da bis Oktober sich zusammenschließend zu fallen. Der Tiefstand hält sich von anfangs bis Mitte Oktober; in diesem Zeitraum sind die Kurven am nächsten beieinander. Von da steigen sie wieder zur Höhe, sich allmählich voneinander weiter entfernend, bis sie anfangs Februar das Hochgebirgsmassiv erreichen. Die Prozentzahlen fallen bis zu 2,4 % und steigen fast bis zu 5 %.

Durch die Einführung der Arbeitslosenversicherung würde sich die Zahl der Kranken in den Zeiten großer Arbeitslosigkeit wohl mindern; es wäre daher zu erwägen, ob nicht auch die Krankenkassen zur Deckung der Kosten der Arbeitslosenversicherung herangezogen werden könnten.

[2] Nur dort, wo die Arbeitslosigkeit das ganze Jahr hindurch unter 1 % ist, nähert sich die Zahl der Kranken der Zahl der Arbeitslosen oder ist höher wie diese (vgl. Tabelle IV).

notwendiges, wenn auch ihr Umfang unnatürlich sein kann. Auch beweist die Tatsache, daß man der Krankheit vorbeugend in den Weg treten will, zur Genüge, daß es nicht im Interesse der nationalen Wirtschaft gelegen sein kann, möglichst viele Kranke zu haben. Wenn man die Menschen aber vor der körperlichen Krankheit retten will, gegen die sie wenigstens noch versichert sind, so muß man sie noch mehr vor der wirtschaftlichen Krankheit retten, die in ihren Folgen noch schlimmer sein kann als die andere. Wenn man also schon die Zahl der körperlich Kranken als viel zu hoch findet, um wie viel mehr ist dann die Zahl der Arbeitslosen zu hoch?

Gewiß, auch die Arbeitslosigkeit ist in gewissem Umfange etwas Notwendiges. Aber soweit sie darüber hinausgeht ist sie anormal. Der Begriff der normalen Arbeitslosigkeit kann nun nicht überall gleich sein: er wird für England, das in der Hauptsache auf seine Industrie und seinen Handel angewiesen ist, ein anderer sein als für Deutschland, das noch eine blühende Landwirtschaft neben kraftvoll vorwärtsdrängender Industrie und mächtigem Handel hat; und er wird für ein Land, das fast noch ganz in der Urproduktion steht, wieder anders sein. In England wird die Reduktion der Landwirtschaft sich nachteilig bemerkbar machen für die Beschäftigungsmöglichkeiten, in den Ländern mit hauptsächlicher Urproduktion aber wird sich der Mangel an Industrie und Handel fühlbar machen, namentlich, wenn die Bevölkerung rasch fortschreitet. Die normale Arbeitslosigkeit wird aber auch innerhalb eines Landes verschieden sein: sie wird eine andere Größe haben in einer Industriegegend, eine andere in einer nur Landwirtschaft treibenden Gegend, eine andere bei gemischter Wirtschaft; sie wird anders sein in der Stadt und auf dem Lande; ja sie wird von Berufsgruppe zu Berufsgruppe wechseln [1]. Sie wird weniger dort empfunden werden, wo ein guter Lohn die Möglichkeit gewährt, für die stille oder arbeitslose Zeit etwas zurückzulegen, wo ein Rückhalt da ist in einem kleinen Anwesen; sie wird aber dort mit voller Gefahr zur Wirkung gelangen, wo der Arbeitslose nichts als seine Hände hat, die zudem während der Beschäftigung vielleicht schlecht bezahlt worden sind. Sie wird um so anormaler, je länger sie dauert. So gibt es zwar verschieden gestaltete Indizien, aber sie können nicht benützt werden, weil die Zahl der Arbeitslosen und insbesondere ihr Verhältnis zu den Arbeitenden nicht bekannt ist.

Ist $1/2\%$ oder 1% oder 2% oder gar 3% und noch mehr von der Gesamtzahl der Arbeitnehmer oder der Bevölkerung normal und unschädlich? Auf alle Fälle ist es einleuchtend, daß die Wirkungen auf die nationale Produktion und auf die nationale Wohlfahrt um so schlimmer sind, je größer der

---

[1] Vgl. Tabelle I—V.

Prozentsatz der Arbeitslosen ist. Wenn auch die Inbeziehungsetzung der Arbeitslosen zur ganzen Bevölkerung gewiß ihre Bedeutung hat, so wird man doch die Inbeziehungsetzung der Arbeitslosen mit der Gesamtzahl der Arbeitnehmer als bedeutungsvoller anerkennen müssen. Dann erst bekommt man einen richtigen Einblick in den Aufbau der Arbeitslosenmasse, wenn man weiß, wie viele Arbeitslose in einer Berufsgruppe den Arbeitenden in der gleichen Berufsgruppe gegenüberstehen. Dann erst läßt sich sagen: diese und jene Berufsgruppe ist überfüllt, die andere leidet Mangel an Arbeitern und die dritte ist normal, weil sowohl die Angebote der Arbeitgeber als die Gesuche der Arbeiter ohne besondere Verluste befriedigt werden können. Ob weniger als 1 % oder mehr als 1 % als normale Arbeitslosigkeit in einer Berufsgruppe anzusprechen sind, das wird sich dann am besten zeigen. Aber heute ist ja nicht einmal bekannt, was an Arbeitern verlangt wird, was verlangt würde, wenn andere Einrichtungen bestünden, was die **ausländischen Arbeiter** für einen Einfluß ausüben, und heute vermag man kaum ernstlich mit einer **Ortsveränderung** der Arbeitskräfte umzugehen.

In den englischen Gewerkvereinen variieren die Arbeitslosenziffern stark in den einzelnen Jahren und innerhalb der einzelnen Monate; ebenso ist es in den deutschen Gewerkschaften[1]. Ist nun in diesen Zahlenreihen etwas Normales? Am liebsten wird der kleinste Prozentsatz als etwas Normales angesehen, weil bei seinem Vorhandensein die wenigsten Störungen sich einstellen; ja, es wird sogar vielfach ein Reihenmittel gerne als etwas Normales betrachtet. So z. B. gilt bei dem deutschen Buchdruckerverband die dreiprozentige Arbeitslosigkeit als die Grenze, bei deren Erreichung eine Einschränkung der Lehrlingszahl[2] einzutreten hat. Hat nun diese Zahl als Norm zu gelten? Ich glaube, besser wäre es, wenn sie nur halb so groß wäre, denn auch dann könnten die Stellenwechsel und die Betriebsvergrößerungen noch gut durchgeführt werden. Dann könnte sicher auch keine so lange dauernde Arbeitslosigkeit sich entwickeln, wie es jetzt der Fall ist[3]. Nun mag ja gerne zugestanden werden, daß

---

[1] S. Tabelle VIa und VIb.
[2] Die Einschränkung der Lehrlingszahl gilt hier als ein Mittel zur Bekämpfung der Arbeitslosigkeit. Einer solchen Einschränkung der Lehrlingszahl begegnen wir schon im Lehrlingsgesetz der Königin Elisabeth von England vom Jahre 1562. Dort ist bestimmt, daß auf je drei Lehrlinge ein Geselle treffen muß.
[3] Nach den Individual-Arbeitslosenkarten der Mitgliedschaft München des Verbandes der deutschen Buchdrucker habe ich für 1910 die Arbeitslosen verarbeitet. Eine Veröffentlichung dieser Tabellen empfiehlt sich deshalb nicht, weil zwar eine feinere Ausgliederung der Arbeitslosen, nicht aber der Gesamtmitglieder gemacht werden konnte. Aus diesen Tabellen geht hervor, daß bei einem Mitgliederstand von 1870

die Arbeitslosigkeit einer Großstadt, die zudem noch ihren speziellen **gewerblichen Ruf** und alle **möglichen Bildungsgelegenheiten** hat, wodurch wiederum eine große Anziehungskraft auf die Arbeiter ausgeübt wird, ganz anders zu beurteilen ist als die einer mittleren oder kleineren Stadt, die neben den gewöhnlichen Arbeitsbedingungen nichts weiteres bieten kann: aber allzu groß sollten auch die Unterschiede hier nicht sein.

Ob sich aus solch isolierten Betrachtungen aber die Grenzen für eine normale Arbeitslosigkeit ziehen lassen, mag zweifelhaft bleiben. Vergessen darf jedenfalls nicht werden, daß die Arbeitslosen nicht nur in den einzelnen Berufen betrachtet werden dürfen, sondern daß auch die gesamte nationale Wirtschaft berücksichtigt werden muß. Wenn eben irgend einem Berufe dauernd sich zu viele Menschen zugewandt haben, so ist doch nichts natürlicher, als daß ein Teil dieser Überflüssigen **abwandert zu anderen Berufen**, die weniger belastet sind oder gar Mangel an Arbeitskräften haben[1]. Das liegt sowohl im Interesse des Einzelnen als im Interesse der ganzen Volkswirtschaft. Die Allgemeinheit kann nicht eine große Zahl von feiernden Menschen in einem Berufe unterstützen (selbst auf die Gefahr hin, daß gelernte Arbeiter in Betracht kommen) und zusehen, wie in anderen Berufen die Kräfte mangeln. An sich ist es ja einleuchtend, daß in einem Berufe die gelernten Arbeiter, die Zeit und Geld auf die Erlernung ihres Berufes verwendet haben, länger aushalten als die ungelernten, deren Verwendungsmöglichkeit und -bereitschaft unbeschränkter ist. Und von diesem Standpunkte aus wird gegen eine etwaige vorübergehende größere Arbeitslosigkeit der gelernten Arbeiter nichts einzuwenden sein. Man wird ohne zwingende Not nicht verlangen wollen, daß die durch die Erlernung, Übung und Weiterbildung erworbenen speziellen Berufseigenschaften aufgegeben werden.

---

bis 2018 während des ganzen Jahres 1910: 683 Personen arbeitslos waren, d. i. mehr als ein Drittel des Gesamtbestandes. Diese 683 Personen waren 1435mal arbeitslos an zusammen 36 890 Tagen, so daß auf jeden Arbeitslosen durchschnittlich zirka 54 Tage treffen. 558 Arbeitslose (81,7 %) waren nicht über 13 Wochen arbeitslos; darüber hinaus also 125 Mitglieder; hiervon ein Mitglied 338 Tage (im Alter von 51—55 Jahren). 111 Personen waren mehr als dreimal und 57 Personen in allen vier Quartalen arbeitslos. 498 Arbeitslose standen im Alter bis zu 30 Jahren. Die niedrigste Arbeitslosigkeit betrug 2,46 % des Mitgliederstandes (4. Woche des 2. Quartals), die höchste dagegen 8,62 % (3. Woche des 4. Quartals). Die durchschnittliche Arbeitslosigkeit betrug im 1. Quartal: 5,50 %, im 2. Quartal: 3,41 %, im 3. Quartal: 5,70 % und im 4. Quartal: 7,38 % des Mitgliederstandes, der Gesamtjahresdurchschnitt aber 5,5 %.

[1] Wie dies namentlich den amerikanischen Arbeitern nachgerühmt wird. Auch die englische Thronrede von 1907 weist auf dieses Moment hin.

Bei der Erforschung der normalen Arbeitslosigkeit werden die vorhandenen Arbeitskräfte auch in Beziehung gebracht werden müssen zur vorhandenen Arbeit, ja nötigenfalls sogar zur „notwendigen gesellschaftlichen Arbeit". Es ist ferner etwas Natürliches, daß die in einer nationalen Wirtschaft anfallenden Arbeiten in ihrer Hauptsache auch von den nationalen Arbeitskräften ausgeführt werden. Unnatürlich ist es wohl, die nationalen Arbeitskräfte zur Ruhe zu stellen und fremde Arbeiter einzustellen. Es ist ferner zu berücksichtigen, daß die überschüssigen Arbeitskräfte nicht allzu lange rosten, weil dies dem Interesse der Einzelnen wie dem Interesse der Allgemeinheit nur schadet. Wenn also möglichst viel Arbeit bereitgestellt wird, so wird die Erkenntnis einer normalen Arbeitslosigkeit am besten gelingen[1].

Für die Einzelwirtschaft zeigt sich das Normale darin, daß der Einzelne nur selten und niemals lange arbeitslos ist; für die Volkswirtschaft aber darin, daß sich keine Massen von Arbeitslosen ansammeln und daß keine Arbeitslosen zur Armenpflege kommen. Jeder Arbeitsfähige in der Armenpflege ist eine Anklage gegen die wirtschaftlichen Zustände. Dabei soll nicht übersehen werden, daß plötzlich eintretende innere oder äußere Momente das Gleichgewicht der Arbeit stören können. In solchen Fällen bleibt aber nichts anderes übrig, als neben der Arbeitslosenversicherung besondere Arbeitsgelegenheiten zu schaffen.

Die ganze Frage der normalen Arbeitslosigkeit ist offenkundig eine der wichtigsten im ganzen Problem der Arbeitslosigkeit, aber auch eine der schwierigsten; ihre Lösung kann ohne mächtigen statistischen Hintergrund wohl kaum erfolgen. Dieser aber muß erst geschaffen werden. Daher mag es begreiflich sein, wenn hier die Untersuchung der normalen Arbeitslosigkeit nicht weiter verfolgt wird. Im allgemeinen bleibt der Eindruck, daß fast in allen Staaten eine übergroße und darum wohl auch anormale Arbeitslosigkeit vorhanden ist. Die Ursachen dieser Erscheinung sind so verschieden, daß sie hier unmöglich erörtert werden können. Einzelne Ursachen aber sind im Laufe der Erörterung bereits erwähnt worden, so namentlich für Deutschland. Sache der weiteren Forschung, die nur vom Staate durchgeführt werden kann, wird es sein, Licht in diese Angelegenheit zu bringen.

---

[1] S. Tabelle V. Überhaupt ist auch in den Städten, wo mehr Arbeit und weniger Vergnügen bereitgestellt ist, weniger Arbeitslosigkeit. Neben Nürnberg gibt es noch andere Arbeitsstädte, die auch weniger Gelegenheitsarbeiter haben.

Drittes Kapitel.
Arbeitsvermittlung.
I.

Arbeitsvermittlung in dem einfachsten Sinne, daß derjenige, der Arbeit zu vergeben hat, und derjenige, der seine Arbeitskraft dem anderen (gegen Entgelt) leiht, zusammenkommen, hat es sicher von jeher gegeben. Freilich die Formen, unter denen diese Vermittlung erfolgt ist, werden verschieden gewesen sein. Leider ist eine erschöpfende Geschichte der Arbeitsvermittlung noch nicht geschrieben. Bei einem kurzen Rückblick auf die früheren Zeiten lassen sich daher nur einzelne Vorgänge betrachten, die sich bei der Arbeitsvermittlung oder Arbeiterbeschaffung abgespielt haben.

Es ist bekannt, daß die Berührungen der einzelnen Völkerschaften sich auch in der Vermittlung von Arbeit und Arbeitern geäußert haben, daß frühzeitig schon Arbeitskundige des einen Volkes dem anderen Volke ihre Dienste geliehen haben. Die besondere Vertrautheit der Tyrier und Karthager mit den Schiffen und mit dem Meere hat sie frühzeitig in die Dienste anderer Nationen geführt. Im Alten Testamente lesen wir [1], daß fremde Arbeiter zum Tempelbau herangezogen worden sind und daß Salomon einen genauen Arbeitsvertrag mit Hiram, dem befreundeten König von Tyrus, abgeschlossen hat. Ähnlich ist es wohl auch zwischen anderen Völkern gewesen. Auch im alten Rom mußten vielfach fremde Personen beschäftigt werden, die keine Sklaven waren. Und mit der Ausdehnung des Reiches wuchs der Zustrom nach der Hauptstadt. Während des Kaiserreiches, wo immer mehr Fremde nach Rom kamen und wo die Freilassung der Sklaven immer mehr um sich griff, waren die Schenken beliebte Stätten, wo man Arbeiter aufsuchte. Eine andere Art der Vermittlung sehen wir darin, daß die Herren ihre Sklaven vermieteten [2]. Im christlichen Rom und in der christlichen Zeit überhaupt übernahmen anfangs die Agapen — die täglichen gemeinsamen Mahlzeiten (auch Liebesmahle genannt) — und später die Xenodochien die Vermittlung von Arbeit und

---

[1] 3. Buch der Könige, 5. Kapitel.
[2] Vgl. Ratzinger, Geschichte der kirchlichen Armenpflege; Karl Bücher, Die Entstehung der Volkswirtschaft S. 109.

Arbeitern[1]. In den Agapen hatte die christliche Kirche wenigstens anfangs eine Einrichtung, wie sie idealer für die Ausgestaltung sozialer Ideen nicht gedacht werden kann. Und die Xenodochien dienten ja gerade zur Unterkunft derer, die auf Wanderschaft waren oder überhaupt kein Heim hatten, und so war es ganz natürlich, daß sie auch Arbeit vermittelten. Galt doch die Arbeit, die in Hellas und Rom freie Menschen entehrt hatte, damals für die beste und vernünftigste Einkommensquelle. Später traten diejenigen, die Arbeit zu vergeben hatten, auch an die Ordenskrankenhäuser und noch später auch an die öffentlichen Krankenhäuser heran, um Arbeiter zu erhalten. Und die Krankenhäuser haben lange noch Arbeiter vermittelt und tun es sogar heute noch, freilich nur in geringem Umfange.

Als dann später die Städte wieder die Menschen mächtig an sich zogen, wurde bald die Klage des Arbeitermangels auf dem Lande laut. Schon im 16. Jahrhundert hat z. B. in Bayern[2] diese Klage ihren Niederschlag in gesetzlichen Vorschriften gefunden, die dem Lande die Arbeitskräfte erhalten sollten; die Vorschriften verkannten aber die Ursache des Arbeitermangels und die Triebe der Menschen vollständig und blieben wirkungslos; mit Zwang und Strafe und Entehrung konnte man das Sehnen der Menschen nicht unterdrücken. Erst in dem Handwerk der Städte machte sich die erste zielbewußte Arbeitsvermittlung im modernen Sinne geltend. Die Zünfte schufen in ihren Herbergen, die meist der gemeinsamen Aufsicht der Meister und Knechte (Gesellen) unterstanden, nicht nur Unterkunfts- und Beköstigungsstätten, sondern auch Arbeitsvermittlungsstätten. Einzelne dieser Einrichtungen haben bis in die neueste Zeit fortbestanden. Ich erinnere nur an den Arbeitsnachweis der Schuhmacherinnung in München, der seit mehreren Jahrhunderten bis zu seiner Angliederung an den städtischen Arbeitsnachweis im Jahre 1900 vermittelt hat. Ja, in einzelnen Herbergen, die neu geschaffen worden sind in Anlehnung an diese alten Zunftherbergen, wird heute fast noch ebenso vermittelt wie ehedem. Diese zünftige Arbeitsvermittlung ist daher wohl als die eigentliche Vorläuferin der heutigen Arbeitsvermittlung zu betrachten. Ja, es fehlte dieser handwerklichen Arbeitsvermittlung, sobald die Gesellen allein sich derselben bemächtigt hatten (nachdem ihnen die Aussicht auf die Selbständigkeit im Gewerbe durch Überfüllung einerseits und durch Mißgriffe der Meister anderseits genommen war), nicht einmal an einer gewissen

---

[1] Vgl. Ratzinger, Geschichte der kirchlichen Armenpflege.
[2] Vgl. Hans Platzer, „Geschichte der ländlichen Arbeitsverhältnisse in Bayern", Freising 1904.

Arbeitslosenpolitik, worüber uns die damaligen Einrichtungen und die Gesellenkämpfe Aufschluß geben[1].

Seit dem Anfange des 17. Jahrhunderts beginnt dann auch die **private Stellenvermittlung** sich allmählich auszubreiten. Sie ging hauptsächlich von Frankreich aus, wo Montaigne die Anregung gegeben hatte und wo Renaudot bei Ludwig XIII. mit einem diesbezüglichen Antrage durchdrang[2]. Im Jahre 1628 wurde das erste Institut in Paris eröffnet. Seitdem breitete sich diese Art der Arbeitsvermittlung immer mehr über Frankreich aus, das ja das klassische Land der privaten Stellenvermittlung wurde; und von hier aus zog sie dann auch in die anderen europäischen Staaten ein, besonders auch in Deutschland. War sie anfangs sicher etwas Notwendiges, so wurde sie allmählich in ihren Wucherungen vielfach etwas Lästiges und Verderbliches für die Arbeiter, für die Unternehmer und für die Allgemeinheit[3].

Einen ganz interessanten Fall von Beschaffung von Arbeitern weist die ungarische Geschichte auf. Graf Alexander Karolyi berief nach der Vertreibung der Türken schwäbische Leute ins Land, um die verödeten ungarischen Dörfer mit ihnen zu bevölkern. Diese Auswanderung der Schwaben nach Ungarn war im ganzen 18. Jahrhundert sehr stark[4]. Ähnliche Erscheinungen haben wir in der Geschichte mehrere. Auch die preußische Ostmarkenpolitik befaßt sich mit der Ansiedelung deutscher Bauern aus allen deutschen Gauen.

Neben dieser friedlichen und gesetzlichen Art der Arbeitsvermittlung kennt die Geschichte bis herein in die Neuzeit aber auch eine gewaltsame; ich meine die kriegerischen Eroberungszüge und die Sklavenjagden. Sicher sind viele Eroberungszüge der Geschichte entstanden aus dem Mangel an Arbeitern, und die neueste Zeit berichtet uns noch, daß ein wilder oder halbwilder Volkstamm seine Nachbarn über-

---

[1] Schanz, Gg., „Zur Geschichte der deutschen Gesellenverbände im Mittelalter", Leipzig 1876.

[2] Handwörterbuch der Staatswissenschaften, 3. Aufl., Art. Arbeitsnachweis und Arbeitsbörsen.

[3] Aus dem Vortrage, den Dr. Ludwig (Lübeck) auf der vierten Verbandsversammlung der deutschen Arbeitsnachweise im Jahre 1905 über den gewerbsmäßigen Arbeitsnachweis gehalten hat, ist zu entnehmen, daß in Frankreich schon im Jahre 1330 ein Ammenvermittlungs-Institut gegründet worden war. Ebenso sollen in Nürnberg schon im Jahre 1421 drei Dienstbotenvermittlungsbureaus bestanden haben. — Vgl. auch die interessanten, allgemeinen und geschichtlichen Erörterungen über die Arbeitsvermittlung, die der Bearbeitung der Erhebung in Bayern im Jahre 1895 über alle gewerbsmäßigen Gesindevermieter und Stellenvermittler sowie über alle übrigen Arbeits- und Stellennachweisanstalten beigegeben sind. Zeitschr. des kgl. bayer. Statist. Bureaus vom Jahre 1896, 2. und 3. Heft, S. 126 ff.

[4] Württembergische Jahrbücher für Statistik und Landeskunde, Jahrg. 1911, 1. Heft, S. 43.

fällt und sich billige Arbeitskräfte holt. Die Sklavenjagden und die daran anschließenden Sklavenmärkte sind jahrhundertelang die merkwürdigste Art der Arbeitervermittlung gewesen.

Eine andere Art der Beschaffung von Arbeitskräften stellt die Deportation der Gefangenen zur Zwangsarbeit dar, ferner die Verpachtung der Arbeitskräfte von Gefangenen an Unternehmer. Hier handelt es sich freilich in erster Linie um den staatlichen Strafvollzug.

Wieder anders muß die Vermittlung von Arbeitskräften aus dem Mutterlande in die Kolonien betrachtet werden, zumal hier die freie Entschließung der Abwandernden meistens gesichert ist. Eine ganz neue Art der Arbeitsvermittlung bilden die modernen Auswanderungsämter einzelner europäischer Staaten, z. B. des italienischen Staates.

Es ist also eine vielgestaltige Art der Arbeitsvermittlung im Laufe der Zeiten entstanden. Die meisten aber sind hervorgegangen aus den zwingenden Bedürfnissen, nicht aus der vollen Erkenntnis des eigenartigen Problems. Es bedurfte einer freien Menschheit, um dieses Problem als ein allgemeineres zu erkennen, und es bedurfte schwerer Notstände, um den Willen auszulösen, dieses gesellschaftliche Problem anzugreifen. Vorangingen die Arbeiter selbst; in den englischen Arbeiterverbänden gewinnt die Arbeitsvermittlung neuen kräftigen Boden. Dann folgen hervorragende Wohltätigkeitsgesellschaften[1] und Vereine, welche den Gedanken der modernen Arbeitsvermittlung propagieren und auch selbst gegen die Mitte des vorigen Jahrhunderts Arbeitsvermittlungsstellen einrichten; von hier aus tritt dann durch Wort und Tat die Befruchtung ein.

Der Staat hält sich noch ferne. Nur ganz vereinzelt befaßt auch er sich mit der Arbeitsvermittlung oder wenigstens mit deren Anregung. So schrieb der bayerische Staat in seiner mit Gesetzeskraft ausgestatteten Armenverordnung von 1816[2] den Armenpflegen die Eröffnung von Kundschaftsanzeigern vor, die eine fortwährende Übersicht der Personen enthalten sollen, denen es an Dienst und Arbeit fehlt. Mit dieser Übersicht soll sich zugleich die fortwährende Kenntnis derjenigen verbinden, welche Dienst- und Arbeitsleute suchen (Art. 27). Die Armenpflegen sollen sich mit den Vorständen öffentlicher Arbeiten, mit Unternehmern von Fabriken und Bauten, mit Gutsbesitzern und Zünften, mit Dienstherrschaften usw. ins Benehmen setzen. Die einzelnen Pflegschaften sollen sich unterstützen und den Überfluß arbeitsfähiger Hände dorthin ableiten, wo sich

---

[1] Z. B. das Frankfurter Hochstift, die Patriotische Gesellschaft in Hamburg.
[2] Zeitschr. des kgl. bayer. Statist. Bureaus 1896 S. 146.

hieran auffallender Mangel ergibt, und zwar vorzüglich aus den Städten auf das platte Land (Art. 28). Materialien und Werkzeuge sollen verteilt werden zu solchen Arbeiten, welche die Arbeitslosen in ihren Wohnungen verrichten können. Als letzte Zuflucht sollen in größeren Städten eigene Beschäftigungshäuser errichtet werden (Art. 29) Es ist hier eine weitgehende und verständige Fürsorge des Staates für die Arbeitslosen zu erkennen, die allerdings, den Anschauungen der Zeit entsprechend, mit der Armenpflege organisch verbunden war.

Einen Akt besonderer Staatsklugheit und öffentlichen Verständnisses für die Arbeitsvermittlung bekundet auch das Lippische Gesetz über die gewerblichen Verhältnisse der Ziegelarbeiter und Ziegelagenten vom 8. Juli 1851[1], also zu einer Zeit, wo man sonst in deutschen Landen noch nicht viel wußte von öffentlicher Arbeitsvermittlung. Dieses Gesetz ist nicht vom Standpunkt der Armenpflege aus inauguriert, sondern beruht auf dem freien Arbeitsvertrag.

Lippe-Detmold war schon seit dem Anfange des 18. Jahrhunderts ein Land, welches viele Ziegelarbeiter nach auswärts schickte, so nach den benachbarten deutschen Ländern und bis nach Dänemark und nach den Niederlanden[2]. Es wurde daher für zweckmäßig erachtet, das Ziegeleigewerbe, welches von Lippern im Auslande betrieben wurde, unter die Aufsicht und die Leitung von Ziegelagenten zu stellen. § 2 des Gesetzes sagt: „Die Ziegelagenten vermitteln die Anstellung hiesiger Ziegelarbeiter auf den auswärtigen Ziegeleien ihres Bezirkes und nehmen daselbst die Interessen derselben wahr." Das Institut der Ziegelagenten war eine staatlich konzessionierte Arbeitsvermittlungsstelle, die zugleich das Vertrauensorgan der Arbeiter und der Regierung war. Das Ausland wurde in drei Bezirke eingeteilt, denen je ein Ziegelagent vorstand. Die Bewerber um diese Stellen mußten die nötigen technischen Kenntnisse von der Ziegelfabrikation haben und auch die erforderliche allgemeine Bildung besitzen, welche sie zum Verkehr mit allen Ständen, zur Fertigstellung der Kontrakte, zur Berichterstattung und ordentlichen Korrespondenz befähigte. Sie mußten sich bei der Regierung melden, welche ihre Qualifikation prüfte. Unter den für tauglich erachteten Bewerbern wählten dann die Ziegelarbeiter selbst den passenden durch Wahl aus. Neben der Vermittlung der Arbeiter hatten die Ziegelagenten ihre Bezirke zu bereisen, Briefe und Gelder zu besorgen, etwaige Differenzen unter den Ziegelarbeitern selbst oder dieser mit dem Ziegelherrn zu schlichten, den Ziegelarbeitern mit Rat und Tat beizustehen, insbesondere für die

---

[1] Gesetzsammlung für das Fürstentum Lippe Nr. 8/1851.
[2] Fürstl. Lippisches Haus- und Landesarchiv, Fach 145, Nr. 1, I.

Kranken zu sorgen; sie sollten ferner achthaben auf einen gesitteten und untadelhaften Lebenswandel der Arbeiter, sie sollten für geistige und körperliche Gesundheit der Arbeiter sorgen. Der Regierung hatten sie alljährlich ein namentliches Verzeichnis der in ihrem Bezirke angestellten Ziegelarbeiter einzureichen und im Herbste jeden Jahres Bericht zu erstatten über den Gang des Gewerbes, über Verdienst, Gesundheitszustand der Arbeiter usw. Bei Verletzung der Dienstesobliegenheiten konnte der Agent von der Regierung entlassen werden. Dem Agenten standen die Generalversammlung, ein Ausschuß und ein Schiedsgericht zur Seite. Die Agenten bezogen keinen festen Gehalt, sondern hatten das Recht, von den vermittelten Ziegelarbeitern die gesetzlich festgelegten Gebühren einzuheben.

Aus alledem ergibt sich die große Vertrauensstellung, die der Agent bei den Arbeitern sowohl als bei der Regierung einnahm, und die über die bloße Vermittlung weit hinausgehende Fürsorge für den Arbeiter und das Gewerbe. Der lippische Gesetzgeber hat in diesem Gesetze mit klarem, sozialpolitischem Blicke die Aufgaben der Arbeitsvermittlung erfaßt; freilich zu einer staatlichen Einrichtung hat er sich nicht entschließen können.

Das Gesetz nebst seinen Ergänzungen ist durch Bekanntmachung vom 7. September 1869 als „mit den Bestimmungen der Gewerbeordnung für den Norddeutschen Bund vom 21. Juni 1869 in Widerspruch stehend", ab 1. Oktober 1869 außer Kraft gesetzt worden. Die Vorläufer dieser Ziegelagenten waren die sogenannten Ziegelboten, die sich schon im Jahre 1714 mit ähnlichen Befugnissen vorfinden[1]. Auch hierzu wurde die staatliche Konzession erteilt.

Während aber in England die Arbeiterorganisationen (Trade-Unions), welche die Notwendigkeit der Arbeitsvermittlung in ihrer Wirkung auf die Arbeiter und auf die Unternehmer voll erkannt hatten, bis in die neueste Zeit die Arbeitsvermittlung fast allein ausübten, bahnte sich in Deutschland schon seit der Mitte des vorigen Jahrhunderts eine andere Entwicklung an. Wohltätigkeits- und Bildungsvereine gründen Arbeitsvermittlungsanstalten, die allen Arbeitern meist unentgeltlich offen stehen. Dadurch tritt die Arbeitsvermittlung aus dem Bannkreis der Interessenten heraus und wird allmählich eine Angelegenheit des gesellschaftlichen Ganzen. Und in dieser Entwicklung steht Deutschland wohl obenan.

Schon in einem Artikel „Anstalten für Arbeitsnachweisung" in der Zeitschrift des Vereins für Deutsche Statistik, II. Jahrg., 1848, S. 259 weist Diakonus Hasemann in Halle darauf hin,

---

[1] Fürstl. Lippisches Haus- und Landesarchiv, Fach 145, Nr. 1, I.

daß zwar der Gedanke, Arbeit statt Almosen zu geben, schon längst ausgesprochen worden sei, daß aber erst das Bewußtsein der letzten Jahre denselben mit rechtem tatsächlichen Ernste ergriffen habe. Nach seiner Angabe ist die erste Arbeitsnachweisungsanstalt für Deutschland in Dresden im Jahre 1840 gegründet worden. Vorher seien schon in Nordamerika, z. B. in Boston, solche Anstalten errichtet worden. Die im Jahre 1846 in Prag eröffnete Anstalt ressortierte noch von der Armendirektion. Auch die Breslauer Anstalt, gegründet 1846, unterstand vorerst der Armendirektion. Halle, Berlin, Trier, Düsseldorf und andere Städte errichteten um die gleiche Zeit solche Anstalten, die meist der Armenpflege unterstanden. Eine Privatanstalt wurde von der Patriotischen Gesellschaft in Hamburg im Jahre 1847 gegründet. Hasemann schließt seine Erörterung: „Der Nutzen solcher Anstalten läßt sich nicht leugnen, obwohl ihre Benützung von seiten der Arbeit der Beweis großer Arbeitslosigkeit ist. Aber deshalb existieren sie und sie müssen existieren, bis sie sich selber unnötig und überflüssig machen. Für kleinere Städte (etwa unter 30 000 Einwohner) scheinen sie wenig Nutzen zu stiften, da die Kosten ihrer Unterhaltung sich nur dann lohnen, wenn sie gering sind". Die Notwendigkeit der Funktion der Arbeitsnachweisanstalten hat sich seitdem allerdings in ganz anderer Weise gezeigt.

Den eigentlichen Anstoß zur Errichtung von Arbeitsnachweisanstalten, unabhängig von der Armenpflege, hat wohl das Stuttgarter Bureau für Arbeitsnachweis gegeben, das 1865 von dem Arbeiterbildungsvereine, dem Gewerbeverein und dem Verein für das Wohl der arbeitenden Klassen gegründet worden war. Seitdem gewann die Idee der öffentlichen Arbeitsvermittlung immer mehr Boden. Freilich knüpften auch Stuttgarts Nachfolger noch an die Armenpflege an, da man den Arbeitslosen immer noch in der Hauptsache als ein Objekt der Armenpflege betrachtete. Aber allmählich setzte sich der Gedanke, daß die Arbeitsvermittlung eine selbständige, öffentliche Angelegenheit sei, immer mehr durch.

Von besonderer Bedeutung war die Bewegung der 80er Jahre in der Schweiz zugunsten des gemeindlichen Arbeitsnachweises. Bern ging 1888 voran und Basel folgte schon im nächsten Jahre nach. Von der Schweiz griff die Bewegung zunächst auf Süddeutschland über, wo 1893 das Stuttgarter Gewerbegericht beschloß, bei den bürgerlichen Kollegien der Stadt Stuttgart die Errichtung eines städtischen Arbeitsamtes zu beantragen. Dieses wurde am 1. April 1895 eröffnet. Bald darauf folgten andere süddeutsche Städte, darunter München noch im Jahre 1895.

Diese Bewegung zugunsten der gemeindlichen Arbeitsvermittlung wurde dann zunächst von den württembergischen, bayerischen und preußischen Ministerien gefördert, indem zur Errichtung von solchen Arbeitsämtern aufgefordert wurde. Diese ministeriellen Anregungen fielen teils auf fruchtbaren Boden, teils auf unfruchtbaren. Während an einzelnen Orten aus der Initiative leitender Beamten Arbeitsämter gegründet wurden, die nachher wieder eingehen mußten, weil für ihre erfolgreiche Wirksamkeit der genügende Boden fehlte, begnügten sich andere Städte mit unzureichenden Einrichtungen. Ein großer Teil der Städte, namentlich in Süddeutschland, nahm aber die Idee mit Eifer und Geschick auf und schuf anerkannt gute Einrichtungen, die die Bedeutung der öffentlichen Arbeitsvermittlung erst klar erkennen ließen. Diese städtischen öffentlichen Arbeitsnachweise oder Arbeitsämter nehmen schon jetzt in der Arbeitsvermittlung eine hervorragende Stelle ein. Deutsche Städte können den Ruhm für sich beanspruchen, im edlen Wetteifer und ohne Kostenscheu Einrichtungen getroffen zu haben, die unerreicht dastehen. Andere Länder haben diese deutschen Einrichtungen wiederholt als Vorbild genommen.

Diese Fortentwicklung zum allgemeinen öffentlichen Arbeitsnachweis ist aber in Deutschland nicht das alleinige Charakteristikum, wenn es auch sicher das wesentlichste bleibt; ganz gleichzeitig zeigt sich die Tendenz nach einer **Vielheit der Arbeitsvermittlung** teilweise aus dem Gedanken heraus, die Arbeitsvermittlung auf möglichst breiter Grundlage aufzubauen, teils aus der Erkenntnis des Einflusses der Arbeitsvermittlung auf andere wirtschaftliche Vorgänge und teils aus der ungenügenden Ausbreitung des öffentlichen Arbeitsnachweises. Daneben hat sich freilich immer mehr das Bedürfnis herausgestellt, diese verschiedengestaltigen Einrichtungen zusammenzufassen.

Zum öffentlichen Arbeitsnachweis wird auch noch der Vereinsarbeitsnachweis gerechnet, der hauptsächlich in Norddeutschland blüht und meist von den Städten unterstützt wird. Der größte davon ist der in Berlin. Die Erfolge der Vereinsarbeitsnachweise sind sehr gute.

Neben dem öffentlichen Arbeitsnachweis gibt es in Deutschland noch eine Reihe anderer Arbeitsvermittlungen, von denen hier jedoch nur die wichtigsten besprochen werden können. Dem öffentlichen Arbeitsnachweis am nächsten stehen wohl die Innungsnachweise, die eine gesetzliche Grundlage haben in der Novelle zur G.O. vom 18. Juli 1881 und in dem Gesetz vom 26. Juli 1897 (Innungs-, auch Handwerkergesetz genannt); sie sind in Preußen zu großer Bedeutung gelangt. Ebenfalls von Arbeitgebern und Arbeitnehmern verwaltet sind die paritätischen Facharbeitsnachweise, deren bedeutendster derjenige der Tarifgemeinschaft[1] der deutschen Buchdrucker ist. Während aber die Innungsarbeitsnachweise auf gesetzlicher Grundlage beruhen, gründen sich die paritätischen Facharbeitsnachweise auf freie vertragsmäßige Vereinbarung.

Als reine Interessentenarbeitsnachweise erscheinen die Arbeitsnachweise der Arbeitnehmer und der Arbeitgeber. Sie sind immer reine Facharbeitsnachweise, d. h. Vermittlungsstellen, die von den Angehörigen eines bestimmten Berufes bzw. eines bestimmten Gewerbes gegründet worden und nur für diesen Beruf oder dieses Gewerbe tätig sind. Wie die Organisationen der Arbeitgeber ein Kampfgebilde gegen die älteren Organisationen der Arbeiter sind, so sind auch die Arbeitsnachweise der Arbeitgeber seit Ende der achtziger Jahre des vorigen Jahrhunderts als ein Kampfmittel gegen die Arbeitsnachweise der Arbeitnehmer entstanden. Die Arbeitgeberarbeitsnachweise haben sich aber im Gegensatze zu ihren Gegnern eng zusammengeschlossen und übertreffen sie deshalb weit. Drei Gewerbe sind es insbesondere, die sich hierin auszeichnen, die Metall- und Textilindustrie und das Baugewerbe. Dazu ist in neuester Zeit auch noch die Kohlenindustrie getreten. Allem Anscheine nach wird hier die Entwicklung noch stärker einsetzen.

Als Interessentenarbeitsnachweise können auch die der sächsischen und preußischen Landwirtschaftskammern gelten, die zudem noch durch die Besonderheit sich auszeichnen, daß sie hauptsächlich ausländische Arbeiter beschaffen.

Seit 1906 ist die Feldarbeiterzentrale in Berlin eröffnet, wohl das größte Vermittlungsinstitut der Welt überhaupt. Das Charakteristikum dieses Instituts, das, vielleicht aus der Not entstanden, die Unterstützung des preußischen Staates genießt, ist, daß es nur ausländische Arbeiter besorgt, und zwar für Landwirtschaft und Industrie. Ihm ist auch die Legitimation der ausländischen Arbeiter für die norddeutschen Gebiete übertragen. Eine merkwürdige Änderung in der deutschen Volkswirtschaft: im Jahre 1891 wanderten noch rund 120 000 Menschen, 1910 nur mehr rund 25 000 nach den überseeischen Ländern aus; seit dieser verminderten Auswanderung hat sich die Zahl der ausländischen Arbeiter vermehrt und heute führt dieses Rieseninstitut der deutschen Volkswirtschaft jährlich noch zirka 600 000 Arbeiter zu[2].

---

[1] Diese ist am 7. Oktober 1911 neuerdings auf die Zeitdauer von fünf Jahren verlängert worden.

[2] Jahresbericht der deutschen Feldarbeiterzentrale 1909/1910. Die Feldarbeiterzentrale in Berlin — ursprünglich eine private Institution zur Beschaffung von Feldarbeitern — hat ihre Tätigkeit riesig ausdehnen müssen, seit ihr die von Preußen im Dezember 1907 eingeführte Zwangslegitimation der aus Rußland und Österreich-Ungarn eintreffenden Arbeiter übertragen worden ist. Die Anstalt hat im Jahre 1908/09 rund 593 000 und im Jahre 1909/10 rund 643 000 Arbeiter legitimiert.

Neben diesen großen Arbeitsnachweisen bestehen noch eine Reihe wohltätiger Arbeitsnachweise, die sich insbesondere mit der Dienstbotenvermittlung befassen; ferner spezielle Vermittlungen für besonders geartete Arbeitskräfte, so für Reservisten, für Rekonvaleszenten, für Erwerbsbeschränkte und für entlassene Strafgefangene.

Eine besondere Art der Arbeitsnachweise ist die Arbeitsvermittlung der Herbergen zur Heimat, der Naturalverpflegsstationen und der Arbeiterkolonien. Die Vermittlung dieser Einrichtungen ist sehr beachtenswert; in einzelnen Bundesstaaten haben sie auch engere Fühlung mit dem öffentlichen Arbeitsnachweis genommen, so die Naturalverpflegsstationen in Baden; aber ihr Hauptwert liegt auf einem anderen Gebiete [1].

Alle diese Arten der Arbeitsvermittlung, mit Ausnahme der Feldarbeiterzentrale, werden herkömmlich als **gemeinnützig** bezeichnet im Gegensatz zu der privaten gewerbsmäßigen Stellenvermittlung, die noch im Jahre 1895 mehr als die Hälfte sämtlicher Vermittlungen ausgewiesen haben soll [2], seitdem aber relativ an Bedeutung abgenommen hat. Weiteren Boden wird ihr das Stellenvermittlergesetz vom 2. Juni 1910 entziehen.

Ob nun tatsächlich alle als gemeinnützig bezeichneten Arbeitsnachweise diesen Ehrentitel mit vollem Rechte beanspruchen dürfen, ist eine andere Frage. Die Interessentenarbeitsnachweise können nicht ohne weiteres bloß deshalb, weil sie eine der Allgemeinheit zukommende Aufgabe besorgen, als gemeinnützig betrachtet werden. Sobald sie einmal gegenseitige Bekämpfung oder einseitige Vermittlung in ihr Programm aufgenommen haben, scheiden sie aus der Reihe der gemeinnützigen Arbeitsnachweise aus, denn dann können sie wohl ihren eigenen Interessen sehr gut dienen, aber sicher nicht den Interessen der ganzen Gesellschaft. Ich erinnere nur an die berüchtigten schwarzen Listen, die Boykottierung und ähnliche Dinge, so z. B. die absichtliche Heranziehung fremder Arbeitskräfte unter Umgehung der Ortsanwesenden. Auch der Arbeitsnachweis der Landwirtschaftskammern braucht nicht ohne weiteres gemeinnützig zu sein; er kann die Interessen der Landwirtschaft scheinbar sehr gut vertreten wollen, mit dem allgemeinen Wohl aber im Widerstreit sein [3].

In anderen Staaten hat die Arbeitsvermittlung teils ähnliche Bahnen durchschritten, so in der Schweiz und in Österreich-Ungarn, teils aber erst in dem letzten Jahrzehnt eine Ten-

---

[1] In Böhmen bilden sie kraft Gesetzes Arbeitsnachweisanstalten.
[2] S. Amtliche Denkschrift 1905, Teil II, S. 1.
[3] Vgl. Gerhard Keßler a. a. O., namentlich die Vorbemerkungen.

denz zur Besorgung als allgemeine Angelegenheit gezeigt. Vielfach hat hierin Deutschland als Vorbild gedient.

In Frankreich steht es mit der Arbeitsvermittlung noch nicht gut[1]. Zwar hat Frankreich im Gesetze von 1904 sich gegen die gewerbsmäßige Stellenvermittlung gewandt, aber ihre Abschaffung ist nur teilweise gelungen; auch haben diese Anstalten, deren Ablösung viel Geld gekostet hat, in anderer Gestalt ihre Auferstehung gefeiert. Der unentgeltliche kommunale Arbeitsnachweis, den das angeführte Gesetz wohl vorsieht, ist über die Anfangsentwicklung noch nicht hinausgekommen. Bis heute besorgen in der Hauptsache die Arbeitersyndikate die Vermittlung, die ihren Mittelpunkt in der Pariser Arbeitsbörse haben, welche mit gemeindlichen Opfern erbaut und unterhalten ist, aber allein unter der Herrschaft der Syndikate steht.

Städtische paritätische Arbeitsnachweise nach deutschem Muster haben die nordischen Länder eingerichtet. Italien hat den Schwerpunkt der Arbeitsvermittlung in den Arbeitskammern, die namentlich auch die ausgedehnte landwirtschaftliche Arbeitsvermittlung besorgen, und in dem Auswanderungsbureau (Commissariato dell' emigrazione), das jährlich hunderttausende von Arbeitern in die Ferne vermittelt und zurzeit wohl das bestgeleitete und bestfunktionierende Auswanderungsamt ist.

In Österreich wurde 1898 der Versuch gemacht, die Arbeitsvermittlung auf gesetzlichem Wege zu regeln. Der Versuch scheiterte hauptsächlich an der Kompetenzfrage, ob die gesetzgebende Gewalt des Reichsrates oder der Landtage zuständig sei[2]. Das Reichsgesetz vom 24. April 1902, das sich als Rahmengesetz darstellt und die Durchführung der in ihm vertretenen Rechtsgrundsätze der Landesgesetzgebung überläßt, hat den von ihm beabsichtigten landwirtschaftlichen Berufsgenossenschaften die Pflicht zur Vorsorge für die Vermittlung landwirtschaftlicher Arbeitskräfte auferlegt. Aber nur in wenigen Kronländern haben sich die Landwirte zusammengeschlossen, so daß auch nur in diesen die obligatorische Arbeitsvermittlung durchgeführt werden konnte. Die österreichische Gewerbenovelle von 1907 hat für die gewerblichen Genossenschaften die Pflicht zur Führung eines Arbeitsnachweises bestimmt. Doch können die Genossenschaften die Besorgung der Arbeitsvermittlung einer für den öffentlichen Arbeitsnachweis bestehenden Anstalt übertragen. Drei Kronländer haben die Arbeitsvermittlung landesgesetzlich geregelt. Böhmen hat mit Gesetz vom 29. März

---

[1] S. Bericht von Cruppi an die Internationale Konferenz 1910.
[2] Gargas Dr. Sigismund, Studien über den Arbeitsmarkt, II. Bd. der öffentliche Arbeitsnachweis in Galizien, S. 4, Wien 1911.

1903 bestimmt, daß die im Lande bestehenden Naturalverpflegsstationen gleichzeitig als Arbeitsvermittlungsämter zu fungieren haben, daß die Städte mit eigenem Statut, Prag und Reichenberg, eigene Arbeitsnachweisstellen zu errichten haben, und daß der Landesausschuß berechtigt ist, einzelnen Bezirken die Errichtung eigener Arbeitsnachweisstellen aufzutragen. Die Bezirke können aber auch aus eigener Initiative Arbeitsnachweise errichten; die einzelnen Gemeinden sollen als Sammelstellen dienen. Die Bezirksanstalten sind in fünf Landeszentralen vereinigt. Die Kosten haben die Bezirke zu tragen, welche aber Subventionen erhalten können. Die Landeszentralen hat der Staat zu unterhalten[1]. In Galizien ist die gesetzliche Regelung mit dem Gesetz vom 16. Mai 1904 erfolgt; auch nach diesem Gesetze haben zwei Städte, Krakau und Lemberg, öffentliche Arbeitsnachweisanstalten zu errichten; die Bezirke können solche Anstalten errichten. Hier fehlt sowohl der Unterbau der Naturalverpflegsstationen als auch die Konzentration in den Landeszentralen; die Kosten tragen ebenfalls die Bezirke bzw. die Städte. In der Bukowina wurde durch Beschluß des Landesausschusses ein landschaftliches Arbeitsamt in der Landeshauptstadt Černowitz gegründet. Dieses Amt hat das Recht, in anderen Orten Geschäftsstellen zu errichten. In den übrigen österreichischen Ländern sind es vor allem die Städte, welche die Arbeitsvermittlung pflegen; unter ihnen ragt besonders Wien hervor[2].

In Ungarn entwickelt sich die öffentliche Arbeitsvermittlung sehr langsam. Der Ackerbauminister hat durch Verordnung vom 28. Dezember 1899 die Arbeitsvermittlung für landwirtschaftliche Arbeiter geregelt, indem er den Arbeitsnachweis als Aufgabe der Verwaltungsbehörde erklärte. Auch eine Vakanzenliste wird zusammengestellt. Über die Erfolge sind aber noch keine Daten veröffentlicht worden. Im Jahre 1900 hat Budapest die erste öffentliche Arbeitsvermittlungsanstalt eröffnet. Gesetzliche Regelung der Arbeitsvermittlung ist beabsichtigt[3]. Im Jahre 1908 lag den gesetzgebenden Körperschaften ein Entwurf zu einer umfassenden gesetzlichen Regelung der Arbeitsvermittlung vor. Nach diesem Entwurfe sollte in jeder Stadt mit mehr als 10000 Einwohnern eine Arbeitsvermittlungsanstalt für gewerbliche Arbeiter und Haus-

---

[1] Die Mitteilungen des Statistischen Landesamtes Böhmen, Bd XX, Heft 1, 1911 (öffentlichrechtliche Arbeitsvermittlung usw.) bezeichnen diese gesetzliche Regelung als ersten Versuch einer systematischen Regelung der öffentlichrechtlichen Arbeitsvermittlung und betonen die Schwierigkeiten dieses Versuches.
[2] Vgl. Dr. Rud. von Fürer a. a. O., ferner Gargas a. a. O. und den Bericht von Dr. Otto Krisch an die Internat. Konferenz in Paris 1910.
[3] Vgl. Bericht von Dr. Vidacs an die Internat. Konferenz in Paris 1910.

dienstboten errichtet werden. Am Sitze jeder Handels- und Gewerbekammer sollte eine Bezirksanstalt errichtet werden, in Budapest aber eine Arbeitsvermittlungs-Hauptstelle. Die Bezirksanstalten und die Hauptanstalt sollten als zentrale Ausgleichsstellen dienen. Der Entwurf mußte aber zurückgestellt werden[1].

Eine eigenartige öffentliche Arbeitsvermittlung ist in Luxemburg vorhanden. Hier besorgt seit 1892 die **Postverwaltung** die Arbeitsvermittlung. Das Zentralpostamt in Luxemburg ist zugleich die zentrale Arbeitsbörse, die übrigen Postämter sind die Filialen. Im Jahre 1905 wurde aber die Zentralarbeitsbörse vom Postamt in Luxemburg getrennt und unter die Leitung eines besonderen Verwaltungsausschusses gestellt. 1900 wurde in Esch eine weitere selbständige Arbeitsbörse errichtet. Im übrigen aber blieb der Arbeitsnachweis in den Händen der Postverwaltung. Sämtliche Lokalbörsen sowie die zweite selbständige Arbeitsbörse stehen im direkten Verkehr mit der Zentralbörse, der sie einmal wöchentlich die Stellengesuche und Stellenangebote übermitteln. Die Zentralbörse stellt dann ein Verzeichnis her und veröffentlicht dieses allwöchentlich. Die Kosten der Zentralarbeitsbörse tragen der Staat und die Stadt Luxemburg je zur Hälfte. Post und Fernsprecher stehen den Börsen kostenfrei zur Verfügung. Die Börsen stehen auch in Verbindung mit dem Ausland[2]. Diese Einrichtung mag wohl für ein kleines Land genügen; für ein größeres Gebiet kann die Postverwaltung nur in der Weise mithelfen, daß sie ihre Einrichtungen den Arbeitsämtern kostenfrei zur Benützung überläßt.

Die australischen Staaten haben für die Arbeitsvermittlung ebenfalls einige staatliche Einrichtungen getroffen; insbesondere ist in Neu-Seeland die Arbeitsvermittlung durch das Arbeitsministerium schon seit dessen Bestehen (1891) betätigt worden. Außer den Arbeitsvermittlungsämtern in den vier Hauptzentren der Kolonie bestehen noch Agenturen in jeder Stadt und in jedem Dorf; diesen Agenturen stehen solche Personen vor, welche mit den Bedürfnissen und Fähigkeiten der Bevölkerung des betreffenden Distriktes besonders vertraut sind. Die Inspektoren müssen mindestens einmal im Monat an das Hauptamt über die Zahl der arbeitslosen Personen, über Nachfrage und Angebot, hauptsächlich aber über die Lage des Arbeitsmarktes in ihren Bezirken berichten. Freilich entfällt fast durchaus die Mehrzahl der vermittelten Stellen auf die Staatsarbeit[3]. Im Staate Viktoria hat man Versuche mit den

---

[1] Vgl. Fürer a. a. O. S. 145.
[2] S. Bericht von M. L. Kauffmann an die Internat. Konferenz in Paris 1910.
[3] S. Arbeitsmarkt 1908, Nr. 9, S. 204. Im Jahre 1906/07 wurden im ganzen 7393 Stellen vermittelt; hiervon entfielen 2718 auf private und 4675 auf die staatlichen Unternehmungen.

Gemeindebehörden gemacht, aber einen glatten Mißerfolg erzielt. Seitdem begnügt man sich mit den Polizeiagenten; auch ist die Einrichtung von Arbeiterkolonien (Labour Farms) geplant [1].

In den Vereinigten Staaten sind wohl einige einzelstaatliche Arbeitsnachweise geschaffen worden, so in Ohio schon im Jahre 1890, aber ihre Wirksamkeit scheint mit einigen Ausnahmen nicht besonders groß zu sein. Die Nachweise von Missouri, Oklahoma, Kansas und Nebraska sind in engerer Verbindung. Geld, Beamte und Räumlichkeiten mangeln, so daß eine vollständige Umgestaltung sämtlicher Einrichtungen notwendig ist [2].

Alle Staaten aber hat weit überholt England mit seinem Gesetze vom Jahre 1909 (Labour Exchanges Act). England mußte völlig neue Bahnen wandeln, da bis zum Jahre 1909 eine öffentliche Arbeitsvermittlung kaum bestanden hatte. Die wenigen Anstalten der Armengemeinden und Vereine konnten fast nicht in Betracht kommen. Die Arbeitsvermittlung lag fast ganz in Händen der Gewerkvereine. Das Gesetz vom 20. September 1909 umfaßt nur 6 Artikel. Die Durchführung und der weitere Ausbau des Gesetzes, das nur Richtlinien gibt, ist dem Handelsministerium (Board of Trade) übertragen. Dieses Amt hat seitdem mehrere Ausführungsverordnungen erlassen. Die neue Einrichtung wird charakterisiert durch die fünf Gesichtspunkte: sie ist **national** in beiden Bedeutungen des Wortes, da sie sich auf das ganze Königreich erstreckt und vom Staate, der auch die Kosten bezahlt, durchgeführt wird. Die Gemeinden nehmen an der Verwaltung und auch an den Kosten nicht teil, aber sie sind in jeder Beziehung entgegengekommen. Sie ist eine staatliche Unternehmung im Sinne einer **gewerblichen Tätigkeit** und nicht nur einer bloß unterstützenden Maßnahme; nur braucht für diese staatliche Tätigkeit ebensowenig gezahlt zu werden wie z. B. für die Benützung der öffentlichen Straßen; sie ist daher auch **unentgeltlich**, und zwar sowohl für die Arbeitgeber wie für die Arbeiter; sie ist ferner **fakultativ** und endlich **neutral**, d. h. sie greift in die Konflikte der Arbeiter und Arbeitgeber nicht ein. Paritätische Beratungsausschüsse werden eingerichtet. Der Ortswechsel der Arbeitslosen wird dadurch erleichtert, daß die Börsen befugt sind, den Arbeitslosen die Kosten der Eisenbahnreise vorzuschießen, wenn eine sichere Stelle nachgewiesen ist. Der Vermittlung **jugendlicher Arbeiter** ist besondere Aufmerksamkeit geschenkt; es stehen nämlich eigene Spezialkommissionen der

---

[1] S. Bericht von Sir John Taverner an die Internat. Konferenz in Paris 1910.
[2] S. Bericht von W. M. Leiserson an die gleiche Konferenz.

Verwaltung des Arbeitsnachweises beratend zur Seite; sie sollen vor allem auch die Jugendlichen und ihre Eltern wegen der Berufswahl beraten.

Der Mittelpunkt der Organisation ist in London bei der Arbeitsabteilung des Handelsministeriums. Dieses Zentralamt befaßt sich grundsätzlich nur mit der Organisation, der Kontrolle und der Statistik. Das ganze Land ist in zwölf Bezirke eingeteilt, deren jeder einem Bezirksbeamten unterstellt ist. In jedem Bezirke gibt es eine gewisse Anzahl Arbeitsbörsen, deren Klasse von der Größe und der Bedeutung des Ortes abhängt. Es sind fünf Klassen gebildet: Börsen erster Klasse für Städte mit über 100 000 Einwohnern, Börsen zweiter Klasse für Städte mit 50—100 000 Einwohnern, Börsen dritter Klasse für Städte mit 25—50 000 Einwohnern, ferner Filialämter und Wartehallen. Vorgesehen sind im ganzen 254 Arbeitsbörsen; bis zum Januar 1911 waren 146 Arbeitsbörsen errichtet. Nach vollständiger Einrichtung der Börsen rechnet man mit einem Beamtenpersonal von 1000 Köpfen. 1910 waren schon 130 Frauen an den Börsen tätig. Für 1910/11 waren an Ausgaben 210 000 £ = 4,2 Mill. M.) vorgesehen, einschließlich der Kosten für die Erwerbung bzw. Errichtung von Gebäuden.

Im allgemeinen haben die englischen Arbeitsbörsen eine günstige Aufnahme gefunden. Die Einrichtung steht aber noch im Anfangsstadium; die Erfolge müssen abgewartet werden. Zu bedenken ist, daß England keinerlei Erfahrung auf diesem Gebiete der sozialen Fürsorge zur Seite stand, und daß man sich erst an die völlig neue Einrichtung gewöhnen muß. Große Schwierigkeiten macht auch der Mangel an geeignetem Personal[1]. Fürer sagt aber ganz richtig, daß „das bloße Zustandekommen des englischen Arbeitsnachweisgesetzes für die Lebensfähigkeit und die Werbekraft des Gedankens der öffentlichen Arbeitsvermittlung spricht"[2]. Eine ganz hervorragende Bedeutung wird dieser staatliche Arbeitsnachweis bekommen durch die Übertragung der Kontrolle der Arbeitslosen, welche das Versicherungsgesetz vom Dezember 1911 ausgesprochen hat.

Damit ist nur in kurzen Zügen die Bahn gezeichnet, welche die Arbeitsvermittlung bis heute gewandelt ist; sie ist aber noch lange nicht vollendet. Ob England mit seinem fakultativen staatlichen Arbeitsnachweis schon alles getan hat, kann heute nicht gesagt werden, da die Zeit seines Bestehens zu kurz ist, um an seinen Ergebnissen eine gerechte Kritik zu üben. Jedenfalls ist England mit seinem Gesetze vom 20. September 1909 der Erkenntnis gefolgt, daß die Arbeits-

---

[1] Vgl. den Bericht von W. H. Beveridge an die Internat. Konferenz in Paris 1910.
[2] Fürer a. a. O. S. 144.

vermittlung eine rein staatliche Angelegenheit ist, und daß sie, um nach allen Seiten hin wirksam sein zu können, einer zentralen Zusammenfassung und einer gleichmäßigen Ausgestaltung bedarf.

Da die wirtschaftlichen Verhältnisse in den verschiedenen Ländern die größten Verschiedenheiten aufweisen und da selbst bei den westeuropäischen Kulturvölkern, die heute in ihrer Wirtschaftsführung einander noch am nächsten kommen, grundlegende Verschiedenheiten vorhanden sind, die im Boden, in der Lage, der Bevölkerung, der Geschichte, der Sitte und in den Bedürfnissen ihren Ursprung haben, so soll die weitere Erörterung über die Arbeitsvermittlung auf Deutschland beschränkt werden. Die Frage der Arbeitsvermittlung ist auch für Deutschland allein, obwohl es sicher die ausgedehntesten Einrichtungen derzeit hat, noch schwierig genug, um die Beschränkung der Untersuchung zu rechtfertigen.

II.

Bevor auf die derzeitige Organisation und Tätigkeit des Arbeitsnachweises in Deutschland und seine weitere Ausgestaltung näher eingegangen wird, soll noch untersucht werden, ob der Arbeitsnachweis überhaupt notwendig, ob er ein geeignetes Mittel zur Bekämpfung der Arbeitslosigkeit und ob er eine öffentliche Angelegenheit ist.

Die letzten Jahrzehnte haben wohl gezeigt, daß der Arbeitsnachweis eine sehr wichtige und notwendige Angelegenheit ist. Man hat namentlich in Deutschland die vielgestaltigsten Arten der Arbeitsvermittlung erfunden, und man hat dem Bedürfnis nach Arbeitsvermittlung fast in ganz Deutschland eine große Aufmerksamkeit geschenkt.

Die älteren Arbeitsnachweise der Organisationen der Arbeiter haben sich weiter ausgebildet, ebenso die Nachweise der Wohltätigkeitsvereine und der Innungen; neue Arbeitsnachweise der Organisationen der Arbeitgeber sind in wirksamer Weise entstanden; die städtischen öffentlichen Arbeitsnachweise und hier vor allem der paritätische, haben zum Teil eine glänzende Entwicklung durchgemacht und die Landwirtschaft hat eigene Arbeitsnachweise geschaffen. Daneben ist ein gewaltiges Institut entstanden, die Feldarbeiterzentrale.

Man sollte nun meinen, daß alles getan sei, wenn Interessenten, Gemeinden und private Institute jährlich hunderttausende von Menschen in Stellung bringen, wenn weitverbreitete Zeitungen schnellen Bericht über Arbeit und Arbeitskräfte bringen, wenn man die Menschen am Wohnsitze, in der Werkstatt, auf der Straße und auf der Reise über Angebot und Nachfrage orientiert. Freilich finden viele dies alles in schönster Ordnung. Aber wer einen tieferen

Blick in die Volkswirtschaft und in das Wesen der Arbeitsvermittlung im besonderen wirft, der wird gar bald erkennen, daß die glänzenden Zahlen der Arbeitsvermittlung wohl zu blenden, aber die Not nicht zu beseitigen vermögen. Wir sind nun einmal durch die Verhältnisse gezwungen worden, die Arbeit und ihren Träger mit anderen Augen zu betrachten als vor hundert Jahren, und es wird für die ganze Volkswirtschaft von größtem Nutzen sein, auch weiterhin dem Arbeiter die beste Aufmerksamkeit zu schenken. Der Allgemeinheit kann es nicht gleichgültig sein, ob Tausende von Menschen ehrlich ihr Brot verdienen oder hungern oder betteln oder der Armenpflege zur Last fallen, ob Tausende ihrer Volksgenossen unter entwürdigenden Bedingungen arbeiten, ob sie verbittert dem Vaterlande den Rücken kehren, ob riesenhafte Arbeitskämpfe die ganze Volkswirtschaft durchzittern. Sie muß die Arbeit aller in Anspruch nehmen; dazu muß sie aber alle Wege, die zur Arbeit führen, besetzen und ebnen. Wie soll heute noch die Verantwortung des Aufsuchens von Arbeit allein auf dem Arbeiter lasten bleiben, da er zumeist gar keinen Einfluß ausüben kann auf die Art und Größe der Produktion? Oder soll man den Arbeiter denen überlassen, die ihn allein höher bringen wollen ohne Rücksicht auf die Allgemeinheit, oder denen, die zum Teil geneigt sind, ihn zurückzuhalten im Fortschritte? Die Allgemeinheit muß dahin streben, allen Arbeitern ein ausreichendes Dasein zu gewähren. Sie darf an keiner Erscheinung der Arbeiter achtlos vorübergehen, und sie muß vor allem die Grundbedingungen zur Arbeit schaffen. Und eine dieser Grundbedingungen ist eben die Arbeitsvermittlung. Wenn der Arbeiter keine Arbeit hat, so hat er in den meisten Fällen auch kein Einkommen und muß darben oder unterstützt werden; wenn der Unternehmer keine Arbeiter hat zur Fertigstellung eines Produktes, dann erleidet nicht er allein Schaden, sondern auch diejenigen, die diesen Unternehmer stützen, und die Lust am Unternehmertum, und das Schlußergebnis ist meist ein Schaden für die Volkswirtschaft.

Dem Ausgleiche des Angebots von Arbeit und der Nachfrage nach Arbeit muß die größte Sorgfalt zugewendet werden. Es ist dies in Deutschland besonders klar zu sehen aus dem Verhältnis zwischen Stadt und Land, zwischen Industrie und Landwirtschaft, und aus der Tatsache, daß einer großen Arbeitslosigkeit eine große Einfuhr von ausländischen Arbeitern gegenübersteht. Es ist den Interessenten durchaus nicht zu verdenken, wenn sie einerseits ihre Arbeitskraft möglichst teuer verkaufen wollen, und wenn sie anderseits möglichst billige Arbeitskräfte suchen; die Interessenten haben immer so gehandelt, wie es für sie am besten war. Aber dieser Interessentenstreit greift in seinen Wirkungen hinaus auf die Allgemeinheit, die fremde Arbeiter für Arbeitsleistungen bezahlen und einheimische Arbeiter in ihrer Ruhe ernähren muß, und weil Entfremdung und Haß und Bitterkeit entstehen.

Die Verschiebungen in der gewerblichen Produktion, der Wechsel der Jahreszeiten, der Veränderungstrieb der Menschen, der Einfluß der Weltwirtschaft bringen alljährlich eine derartige gewaltige Summe von Veränderungen in den Stellen hervor, daß sie in ordnungsgemäßer Weise von Interessenten, Wohltätigkeitsvereinen, gebildeten Gesellschaften und örtlich begrenzten Gemeinden allein nicht bewältigt werden können. Dazu kommt, daß jedes Jahr bei einer wachsenden Bevölkerung die Summe der in das Erwerbsleben Neueintretenden größer ist als die Summe der aus dem Erwerbe Ausscheidenden, und daß auch für diese Personen Arbeit beschafft werden muß, wenn anders die wachsende Bevölkerung noch zum Glücke der Nation werden soll.

Neben der Vermittlung von Arbeit und Arbeitern fällt aber dem richtig organisierten Arbeitsnachweis auch noch die Aufgabe zu, eine **Kontrollstation der weiteren Arbeitslosenfürsorge**, vor allem der **Arbeitslosenversicherung** zu sein. Denn mit der Arbeitsvermittlung allein ist das Problem der heutigen Arbeitslosigkeit nicht zu lösen. Gewiß, sie ist die vornehmste Arbeitslosenfürsorge und die Voraussetzung für jede weitere Fürsorge. Erst wenn der Nachweis erbracht ist, daß die vorhandene Arbeit aufgeteilt ist, kann an die Beschaffung neuer Arbeit und zuletzt an die Arbeitslosenversicherung gegangen werden. Diese aber kann ohne einen wirksamen Arbeitsnachweis überhaupt gar nicht gedacht werden, wenigstens nicht ohne Schädigung der ganzen Volkswirtschaft.

Es hieße heute wirklich Unnützes schreiben, wollte ich darlegen, wie einfach, billig und schnell der zentralisierte Arbeitsnachweis wirkt gegenüber den alten Methoden des Arbeits- bzw. Arbeitersuchens. Daß trotzdem heute einige dieser älteren Methoden noch bevorzugt werden, so namentlich das Vorsprechen an der Baustelle und das Inserieren in der Zeitung, insbesondere in der Fachzeitung, hat seine Ursache teilweise in dem hartnäckigen Festhalten am historisch Überlieferten, teilweise aber auch in den mangelnden Einrichtungen. Das Inserieren in der Zeitung, das die Beteiligten sehr viel Geld kostet[1] und daneben noch große Belästigungen mit sich bringt, wird bald abnehmen, wenn auch für die Be-

---

[1] In der bekannten Frankfurter Erhebung über die Vermittlung durch die Presse, die auf ein Jahr und auf sämtliche Zeitungen in Frankfurt sich erstreckte (1900/1901), wurden fast 200 000 Arbeitsannoncen gezählt, deren Insertionskosten auf zirka 430 000 M. berechnet wurden; zit. bei Fürer, Studien über den Arbeitsmarkt, S. 151.

rufe, die heute besonders gerne inserieren (Dienstboten und Kaufleute) gut organisierte, zentrale Arbeitsnachweise eingerichtet sind. Für gewisse Stellen aber, namentlich für leitende und verantwortungsvolle, wird auch in Zukunft die besondere Art der Gewinnung Platz greifen, da hier meist keine örtliche, sondern schon mehr eine nationale Bewerbung gewünscht wird.

Eine andere ältere Art des Arbeitsuchens ist das Wandern. Ob dieses durch die zukünftige Ausgestaltung der Arbeitsvermittlung ausgeschaltet werden soll oder kann, möchte doch füglich bezweifelt werden. Das Wandern der Arbeiter in ordnungsgemäßen Grenzen ist jedenfalls etwas Wünschenswertes. Darauf weisen die Zeitungen der organisierten Arbeiter gerade in neuerer Zeit öfter hin. Sie betonen dabei mit Recht nicht bloß die manchmal so notwendige Entlastung einzelner, namentlich größerer Orte, sondern heben auch die anderen Vorteile des Wanderns hervor: Kenntnis von Land und Leuten, Erlernung anderer Arbeitsart usw. Diese berechtigte Art des Wanderns zu fördern, wird eine besondere Aufgabe der zukünftigen Arbeitslosenversicherung sein, welche die Arbeitslosenunterstützung auch in Form der Reiseunterstützung geben wird, wie dies heute schon viele Arbeiterorganisationen machen. Das Wandern im Sinne eines Ausgleiches der Arbeitskräfte an den verschiedenen Orten und in den verschiedenen Gegenden wird ja für die Lösung der Arbeitslosenfürsorge ein schätzbarer Faktor sein. Nur dadurch wird es zu vermeiden sein, daß sich Gegenden mit großer Arbeitslosenzahl und Gegenden mit großem Arbeitermangel gegenüberstehen.

Das ist die eine Kraft des Arbeitsnachweises, daß er die vorhandene Arbeit schnellstens und sachgemäß und billigst aufteilt. Aber er hat noch eine andere Kraft; der Arbeitsnachweis ist ein Sammelbecken der Arbeitskräfte, in das die Angebote einmünden. Was nun an Arbeitskräften nicht absorbiert wird durch die Angebote, das steht zur freien Verfügung. Zweierlei ist denkbar: man unterhält den Rest auf Staatskosten, oder man sucht ihn zu beschäftigen. Das letztere wird wohl das Bessere sein. Auf diesen Rest, der genau ausgeschlagen werden muß nach Berufen, nach Alter, nach Tüchtigkeit, nach Lohnanspruch usw., blicken die Unternehmer, blickt die Allgemeinheit. Sollte da wirklich nicht ein Käufer sich darunter befinden? Reizt nicht auch die Ware, wenn sie schön bereit gelegt ist zum Kaufe, ohne daß ein unmittelbares Bedürfnis vorhanden ist? Und wenn wirklich kein privater Unternehmer sich fände, könnte nicht die Allgemeinheit sich besinnen, ob und welche Arbeiten sie noch dringend zu machen hätte zu ihrem eigenen Wohle, zum Wohle der Arbeitslosen, die bereitwillig ihre Hände anbieten?

Hat nicht gerade die Beschäftigung der englischen Arbeitslosen bei der Herstellung der Straßen und anderer Einrichtungen in den sechziger Jahren des vorigen Jahrhunderts eine geschichtliche Berühmtheit erlangt? [1]

Ich habe hier nicht die Notstandsarbeiten im Auge, die verschiedene deutsche Städte namentlich in dem letzten Jahrzehnt zur Ausführung bringen ließen und die im Zerkleinern der Steine oder in anderen kurz dauernden Arbeiten bestanden. Denn diese Art der Notstandsarbeiten endet wohl immer mit einem Verlust, zumal da sie auch keine Dauerwerte schaffen. Düsseldorf hatte dabei im Winter 1908/09 einen Verlust von 200000 M., Köln von zirka 170000 M. [2]

Es handelt sich vielmehr um große Arbeiten, die sich auf längere Zeit erstrecken und zurzeit einer Krise vorgenommen werden; solche Arbeiten können sonst oft nicht durchgeführt werden wegen Mangels an Arbeitskräften. So ließ der preußische Staat in Ostpreußen im Jahre 1867 die Arbeitslosen nicht nur Landstraßen und Eisenbahnen bauen, sondern er veranlaßte auch Gemeinden und Private zur Ausführung von Meliorationen aller Art und unterstützte sie dabei. Und von diesen Arbeiten schrieb Gamp 1880, daß kein ostpreußischer Grundbesitzer dieses Notstandsjahr 1867 mit seiner Mißernte werde missen wollen [3].

So kann man also wohl behaupten, daß der Arbeitsnachweis nicht nur die Kraft hat, die vorhandene Arbeit aufzuteilen, sondern daß er auch Arbeit schafft; er reizt zu neuen Unternehmungen, er hält die Unternehmerlust wach, die absterben muß, wenn sie nicht weiß, ob und welche Kräfte sie zu ihrer Produktion bekommt. Freilich, dieser Prozeß der absterbenden Unternehmung geht nicht sichtbar und nicht urplötzlich vor sich, sondern er schleicht sich in die Volkswirtschaft ein gleich einer geheimnisvollen Krankheit und wird dadurch noch gefährlicher. Bietet uns nicht die Landwirtschaft da und dort heute schon Anzeichen der abnehmenden Unternehmerlust [4], weil keine Arbeiter mehr zu bekommen sind, oder weil die Arbeiter nicht so tauglich sind, wie sie es eben auch für die Landwirtschaft sein sollen oder weil man mit fremdsprachigen Arbeitern den heimatlichen Boden bearbeiten muß?

---

[1] Julius Wolf, „Die Arbeitslosigkeit und ihre Bekämpfung," Vortrag in der Gehestiftung 1896, Dresden.

[2] Vgl Bericht von Dr. J. Feig in Berlin an die Internat. Konferenz in Paris 1910.

[3] Vgl. Rud. von Fürer, Studien über den Arbeitsmarkt, Wien 1911.

[4] Man vergleiche nur die Ergebnisse der von Dr. Heim im Jahre 1906 durchgeführten Erhebung, welche von Gg. Ernst unter dem Titel „Die ländlichen Arbeitsverhältnisse im rechtsrheinischen Bayern" bearbeitet und im Verlage der Zentralstelle der christlichen Bauernvereine Bayerns in Regensburg erschienen ist.

Aber auch noch in anderer Hinsicht kann der gut organisierte Arbeitsnachweis von Bedeutung sein; es ist klar, daß in einem Sammelbecken, wo Arbeiter und Arbeitgeber sich zusammenfinden, noch manches andere zutage tritt. Wo immer Menschen sich zusammenfinden, dort gibt es Red' und Antwort, und wenn der Arbeitsnachweis all dieses Reden und Antworten und Sehnen und Wünschen richtig zusammenfaßt, dann wird aus ihm eine lebendige Quelle der Erkenntnis des Zustandes der Beteiligten und ihres Verhältnisses fließen.

Daraus ist wohl ersichtlich, daß alle diejenigen, welche die Organisation des Arbeitsnachweises als die Voraussetzung jeder vernünftigen Sorge für die Arbeitslosen verlangen, wie dies auch in der Denkschrift des Kaiserlichen Statistischen Amtes vom Jahre 1905 geschehen ist, im vollen Rechte sind.

III.

Ist nun die derzeitige Organisation des Arbeitsnachweises in Deutschland richtig und vollkommen? Schon bei der Statistik der Arbeitslosigkeit wurde gesagt, daß die derzeitige Organisation des Arbeitsnachweises eine Erfassung des gesamten Angebotes und der gesamten Nachfrage nicht zuläßt. Aus den Aufschreibungen dieser heterogenen Einrichtungen aber eine Individualstatistik aufzumachen, ist unmöglich, weil ihre Verwirklichung ein ungesundes Maß von bureaukratischer und wahrscheinlich doch nicht allzu erkenntnisreicher Arbeit mit sich brächte; denn die Verschiedenheiten des Wesens der Einrichtungen bringen auch Verschiedenheiten der Statistik, selbst wenn die Berichterstattung nach einem gleichen Schema erfolgen würde. Daß aber eine ausgiebige und dauernde Sorge der Allgemeinheit sich nicht aufbauen darf auf so unsicheren Ergebnissen, ist oben schon gesagt. Solange also die Einrichtungen der Arbeitsvermittlung so zersplittert sind wie heute, solange ist gar nicht daran zu denken, daß eine genügend sachgemäße Aufklärung über das Problem der Arbeitslosigkeit und ihren Umfang erreicht wird.

Es mag eingewendet werden, daß die Arbeitsvermittlung desto besser ist, je breiter die Basis ist, daß verschiedene Einrichtungen den verschiedenen Wünschen der Interessenten Rechnung tragen. Das mag wohl richtig sein, solange die Interessenten, die Arbeiter und Arbeitgeber, diese Regelung vertragen können. Sobald aber einmal die Allgemeinheit von dem einen oder anderen Interessenten, oder gar von beiden zugleich, auf den Plan gerufen wird, dann bekommt die Sache eine andere Bedeutung. Wenn die Arbeitgeber teilweise unbekümmert um die heimischen Arbeiter, teilweise verlassen von den heimischen Arbeitern, sich an das Ausland um Arbeitskräfte wenden, und wenn die heimischen Arbeiter nach Brot und Arbeit rufen, so muß doch die Allgemeinheit sich darüber klar werden, daß diese Zustände auf die Dauer nicht haltbar sind.

Die Gemeinschaft der heutigen Arbeitsnachweise leistet sicher Gutes, aber das, was man von ihr verlangt, kann sie nicht geben, weil ihr die Organisation und der einheitliche Gedanke fehlt. Es haben sich heute noch nicht einmal diejenigen Arbeitsnachweise überall zusammengeschlossen, die als öffentlich und allgemein bezeichnet werden, und die eine im großen und ganzen gleiche Organisation aufweisen. Um wie viel weniger wird es möglich sein, die anderen Arbeitsnachweise, die oft genug noch Antipoden sind, zu gemeinsamer, fruchtbringender Arbeit zusammen zu schließen.

Ja, es ist noch nicht einmal gelungen, die gewerbsmäßige Stellenvermittlung, die in unser heutiges Leben gar nicht mehr hereinpaßt, die teuer und oft genug mit unehrlichen Mitteln arbeitet, hinauszudrängen aus der Arbeitsvermittlung; trotz gesetzlicher Einengung und Gebührenbeschneidung vermittelt sie jährlich in Deutschland viele Tausende von Stellen, von denen nur ein Teil der Öffentlichkeit bekannt wird, und streicht jährlich sicher viele Hunderttausende Mark, um die sie die Arbeitslosen ärmer macht, in ihre Taschen. Ja, in manchen Gewerben herrscht sie noch fast unumschränkt dank den alten Sitten und dank der ungenügenden Ausbreitung und Organisation des öffentlichen Arbeitsnachweises[1]. Wenn solche Unternehmungen, die den Stempel des Erwerbssinnes an der Stirne tragen, noch solchen Zulauf haben, wenn die gewerbsmäßigen Stellenvermittler heute noch einen großen Teil der Arbeiter in ihren Händen haben und mit den Stellen Schacher treiben, so muß noch manches fehlen.

Eine andere Erscheinung bieten die Arbeitgeber-Arbeitsnachweise. Schon die amtliche Denkschrift von 1905 weist die Ergebnisse dieser Vermittlung an zweiter Stelle aus mit 230 000 gegenüber der Vermittlung in den öffentlichen Arbeitsnachweisen (einschließlich des Vereins-Arb.-Nachw.) mit

---

[1] Wenn das Berliner Kammergericht nicht ein so vernünftiges Urteil gefällt hätte, so wäre in Berlin die schönste private Arbeitsbörse entstanden, die ihren Erfindern jährlich ein schönes Stück Geld eingebracht hätte. Ein Stellenvermittler hatte seinen Geschäftsbetrieb in eine Dienst- und Arbeitsbörse umgewandelt, in der der Unternehmer selbst als Börsenvorstand und ein Rechtsanwalt als Börsensyndikus fungierte. Daneben waren noch zirka 40 Angestellte tätig. Die Vermittlungsgebühr wurde als Börsengebühr bezeichnet und betrug für die Arbeitgeber 3 M., für die Arbeiter 1 M. Daneben wurden auch noch Trinkgelder gegeben. (vgl. 4. Verbandsversammlung deutscher Arbeitsnachweise 1905: „Der gewerbsmäßige Arbeitsnachweis von Dr. Ludwig).

550 000. Seitdem aber hat sich das Bild noch zugunsten der Arbeitgeber-Arbeitsnachweise verändert. Im Jahre 1911 vermittelten die kommunalen und kommunal unterstützten Arbeitsnachweise (inbegriffen wohl die meisten Vereinsarbeitsnachweise) 996 595 Stellen für Männer und 438 928 Stellen für Weiber, im ganzen also 1 435 523 Stellen, während die Arbeitgeber-Arbeitsnachweise 735 783 Stellen für Männer und 29 945 Stellen für Weiber, im ganzen also 765 728 Stellen vermittelten. An der ganzen männlichen Vermittlung aber nahmen die Arbeitgeber-Arbeitsnachweise mit 32,3 % teil gegenüber den kommunalen und kommunal unterstützten Arbeitsnachweisen mit 43,8 % (R.A.Bl. Nr. 3 1912). Dies ist deshalb von Bedeutung, weil die Arbeitgeber-Arbeitsnachweise für die öffentliche Arbeitsvermittlung sicher die gefährlichste Konkurrenz neben der gewerbsmäßigen Stellenvermittlung sind. Denn wenn die Arbeitgeber dem Sammelbecken keine Angebote zuführen, dann ist die öffentliche Arbeitsvermittlung lahmgelegt; ein Arbeitsnachweis ohne Arbeitsangebot ist weiter nichts als eine gefährliche Sammelstätte arbeitsloser Menschen.

Während nun die Arbeitsnachweise der Arbeitnehmer im allgemeinen heute bereit sind, ihre Tätigkeit an die öffentlichen paritätischen Arbeitsnachweise abzugeben, errichten die Arbeitgeber gerade jetzt, wo der Kampf gegen die Arbeitsnachweise der Arbeiter wegfallen könnte, ihre eigenen Arbeitsnachweise mit der Begründung, daß der **städtische öffentliche Arbeitsnachweis ihr Vertrauen nicht habe**, weil er nicht unparteiisch sei und weil er gelernte Arbeiter nicht oder wenigstens nicht in genügender Zahl und Qualität vermitteln könne. Der erste Vorwurf erscheint aber angesichts des ehrlichen Strebens der derzeitigen öffentlichen Arbeitsnachweise unrichtig und ungerecht; der zweite Vorwurf darf nicht in dieser allgemeinen Form erhoben werden; es sind gerade an Orten, wo die Arbeitgeber-Arbeitsnachweise scheinbar mit so viel Berechtigung auftreten, öffentliche Arbeitsnachweise, die ausgezeichnet funktionieren auch in der Vermittlung von gelernten Arbeitern. Freilich, wenn man ihnen dieses Gebiet durch Verweigerung des Angebotes entzieht, so mag wohl der Gegenstand des Vorwurfes gegeben sein, aber nicht die Berechtigung. Dagegen soll nicht verschwiegen werden, daß manche öffentliche Arbeitsnachweise noch nicht so viel Fühlung mit der Industrie genommen haben, daß sie zu erkunden suchen, was dieser mangelt; das ist eben im Wesen der Einrichtung des heutigen städtischen öffentlichen Arbeitsnachweises gelegen, daß er bloß **vermittelt** und daß er den andrängenden wirtschaftlichen Fragen nicht gewachsen ist. Dazu kommt noch, daß viele öffentliche Arbeitsnachweise den energischen Fortschritt vermissen lassen: Kosten und Arbeit werden gespart.

Betrachtet man diese Zeitvergeudung, dieses Hin- und Herpendeln der Arbeitslosen und Arbeitgeber von einem Nachweis zum andern, diese enormen Kosten, diese Unübersichtlichkeit und die Unmöglichkeit, aus diesem Chaos die Wirklichkeit zu erkennen, so wird man sagen müssen, daß die heutige Zersplitterung der Arbeitsvermittlung nichts weniger als ein Ideal ist, daß sie, je eher desto besser, beseitigt werden soll.

Daß die Arbeitsvermittlung kein Objekt ist für die Interessenten und daß die Allgemeinheit hier mithelfen muß, hat man in Deutschland ja erkannt. In welcher Weise aber diese Mithilfe oder Besorgung durch die Allgemeinheit erfolgen soll, darüber ist man sich heute noch nicht klar. Noch die amtliche Denkschrift von 1905 ließ die Frage offen, ob der Vereinsarbeitsnachweis oder ob der städtische öffentliche Arbeitsnachweis sich besser eigne. Heute aber ringt sich immer mehr die Überzeugung durch, daß der städtische öffentliche Arbeitsnachweis in erster Linie weiter auszubauen sei. Es ist dabei allerdings zu berücksichtigen, daß der Vereinsarbeitsnachweis, selbst wenn er kräftig von seiten der Öffentlichkeit unterstützt würde, immer noch am wenigsten öffentliche Gelder benötigte, und daß die öffentliche Gewalt die wenigsten Sorgen sich aufbürdete. Aber der Vereinsarbeitsnachweis eignet sich nicht besonders zur Ausstattung mit amtlichen Vollmachten, und kann auch nicht überall ins Leben gerufen werden.

Der **staatliche** Arbeitsnachweis ist von manchem Stadtvater schon verlangt worden, weil er die **gemeindlichen** Ausgaben beschränken würde; und manch einer, der mitten in diesem Chaos der Arbeitsvermittlung steht und aus diesem Chaos Erkenntnis gewinnen soll, hat sicher einen Seufzer nach dem staatlichen Arbeitsnachweis ausgestoßen. Wolff[1] hat ganz recht, wenn er sagt, daß Einwendungen gegen einen staatlichen oder gar Reichsarbeitsnachweis in positiver Form kaum geltend gemacht worden sind. Auch die Sozialdemokraten haben im bayerischen Landtage 1909 einen Antrag gestellt, der auf ein Reichsgesetz abzielte, das öffentliche Arbeitsämter der Gemeinden und des Staates auf paritätischer Grundlage schaffen sollte[2].

Aber man weiß, die ganze Entwicklung hat sich anders gestaltet; die Regierungen sind daran gewöhnt, für Arbeitsvermittlung möglichst wenig Ausgaben zu machen; es macht sich auch gelegentlich in maßgebenden Kreisen eine gewisse Sättigung von Sozialpolitik geltend und in einem solchen Zustande scheut man vor großen Aufgaben etwas zurück.

---

[1] Hellmuth Wolff, „Der Ausbau des Arbeitsnachweises" in den Jahrbüchern für Nationalökonomie und Statistik, 41. Bd., 3. Heft, 1911, S. 313.
[2] Vgl. Arbeitsmarkt Nr. 4/1910.

So ist es erklärlich, daß eifrige Verfechter des städtischen öffentlichen Arbeitsnachweises ihre Forderungen nach einer Monopolstellung dieses Nachweises mit Erfolg formulieren konnten. Diese Formulierung hat in Deutschland Dominicus[1] versucht. Dominicus war in seinem ersten Entwurfe ziemlich weit gegangen und hatte die Forderung aufgestellt, daß in allen Gemeinden mit über 10000 Einwohnern[2] öffentliche Arbeitsnachweisstellen (Arbeitsämter) als ein Zweig der Gemeindeverwaltung zu errichten seien. Der Geltungsbereich dieses öffentlichen Arbeitsnachweises sollte **alle Arbeiter und Angestellte** umfassen; die Interessenten-Arbeitsnachweise sollten nach zwei Jahren geschlossen werden. Die Konzession für gewerbsmäßige Stellenvermittler sollte weder verlängert, noch auf Andere übertragen werden. Der Vereinsarbeitsnachweis war nicht anerkannt. Dominicus mußte aber bald einsehen, daß er nicht einmal beim Verbande der deutschen Arbeitsnachweise Gegenliebe fand; dieser lehnte vielmehr mit Beschluß vom 14. November 1908 die Förderung des öffentlichen Arbeitsnachweises durch gesetzliche Zwangsmaßnahmen ab. Dominicus änderte nun seinen Entwurf ab und stellte den gemeinnützigen (z. B. Vereins-) Arbeitsnachweis dem öffentlichen Arbeitsnachweis gleich; er **schaltete die Vermittlung der Landwirtschaft und der kaufmännischen Berufe aus** dem Bereiche des öffentlichen Arbeitsnachweises **aus** und beschränkte die Stellungnahme gegen die private und Interessenten-Stellenvermittlung auf die Prüfung des Bedürfnisses bei einer etwaigen Neueinrichtung.

So wie die Dinge heute stehen, kann man wohl sagen, daß die Forderungen von Dominicus in seinem zweiten Entwurfe eine Art Gemeingut der mit dieser Materie Beschäftigten geworden sind. Besonders die Leiter der paritätischen städtischen Arbeitsnachweise erwarten sich viel von einer solchen

---

[1] Früher Beigeordneter in Straßburg und jetzt Oberbürgermeister in Schöneberg (vgl. 5. Verbandsversammlung deutscher Arbeitsnachweise). In Österreich hat Mischler schon im Jahre 1898 ähnliche Vorschläge gemacht.

[2] Schon im Jahre 1893 machte der Regierungspräsident von Schlesien, Prinz Handjery, den Magistraten der Städte mit mehr als 10 000 Einwohnern zur Pflicht, amtliche Arbeitsnachweisstellen einzurichten, indem er darauf hinwies, daß nach der Rechtsprechung des Bundesamtes für das Heimatwesen arbeitsfähigen Personen, die wegen Mangel an Arbeitsgelegenheit nicht imstande seien, sich und ihre Angehörigen zu ernähren, der Anspruch auf öffentliche Armenunterstützung zustehe. Er erklärte ferner, daß er künftig die Abweisung von Beschwerden wegen Verweigerung von Armenunterstützungen beim Bezirksausschusse nur dann befürworten könne, wenn der betreffende Magistrat ihm den Nachweis liefere, daß dem Beschwerdeführer durch die städtischen Behörden zwar eine Arbeitsgelegenheit nachgewiesen sei, dieser aber keinen Gebrauch davon gemacht habe. Vgl. Sozialpolit. Zentralblatt, Nr. 27, Jahrg. 1892/93.

gesetzlichen Regelung. Es fehlt aber auch nicht an Stimmen, die **gegen jede gesetzliche Regelung** sind, weil die Arbeitsvermittlung persönliches Vertrauen brauche und dieses nur im freien Wettbewerbe erhalten könne[1].

Es soll nun kurz dargestellt werden, was der städtische öffentliche Arbeitsnachweis heute ist, und was er leistet, und dann zu der weiteren Frage Stellung genommen werden, ob der städtische Arbeitsnachweis in der von Dominicus vorgeschlagenen Form das leisten kann, was man von einem öffentlichen Arbeitsnachweis zu verlangen berechtigt ist, und ob der städtische Arbeitsnachweis überhaupt der zukünftige Arbeitsnachweis mit Monopolcharakter sein kann und darf.

Der städtische Arbeitsnachweis kommt in zwei Formen vor; das eine ist die **paritätische Form**, das andere ist die **bureaukratische Form**. Diese hat ihren Standort besonders in Preußen, jene besonders in den süddeutschen Staaten. Bayern allerdings hat unter 66 Arbeitsnachweisen 45 mit bureaukratischer Form[2]. Es ist aber zu bedenken, daß diese bureaukratische Form in Bayern vor allem an Orten ist, wo der Arbeitsnachweis mit Rücksicht auf die geringere Benützung keine selbständige Organisation zuläßt; und es ist das, solange man die Aufgabe des Arbeitsnachweises nur in der Vermittlung sieht, auch nicht zu bedauern; denn die Organisation des Amtes allein schafft noch nicht den Verkehr, wie manche Ämter schon erfahren mußten. Kleineren Verhältnissen mag diese Form daher wohl genügen. Anders steht es in großen Orten mit lebhaftem Arbeiterverkehr; dort wird ein paritätischer Arbeitsnachweis eine größere Zugkraft ausüben auf die Interessenten und auch diejenigen Arbeitsnachweise aufnehmen können, welche kraft Gesetzes (Innungsarbeitsnachweise) oder kraft vertragsmäßiger Bestimmungen (Facharbeitsnachweise) von Arbeitgebern und Arbeitnehmern gemeinsam verwaltet werden. Abgesehen davon kommt der paritätische Arbeitsnachweis der Forderung der Wissenschaft, wie der sozialen Ideen entgegen; notwendiger Bestandteil des Arbeitsnachweises freilich brauchte die Parität nicht gerade zu sein, wie man an den Erfolgen des reinen bureaukratischen Nachweises in Wien sieht (siehe Tabelle XII). Ja, manchem Vertreter der Arbeitgeber paßt diese Parität nicht einmal, weil sie überhaupt nicht gerne mit Arbeitern zusammenkommen und weil sie immer glauben, daß sie von den Arbeitnehmern und von der Verwaltung der

---

[1] S. 5. Verbandsversammlung deutscher Arbeitsnachweise S. 158 ff. Insbesondere ist Jastrow, einer der besten Kenner des Arbeitsmarktes und des Arbeitsnachweises, gegen jede gesetzliche Regelung.

[2] Hartmann, Karl, „Der Ausbau der gemeindlichen Arbeitsämter in Bayern": in Verhandlungen des Verbandes bayerischer Arbeitsnachweise, Nr. 3, München 1910, Verlagsanstalt Gerber.

Arbeitsnachweise unterdrückt werden; denn gerade von dieser glauben sie, daß sie nichts anderes zu tun habe, als nur das einseitige Interesse der Arbeitnehmer zu vertreten. Man darf aber doch nicht die ehrlichen Versuche der im öffentlichen Leben stehenden Männer, einen billigen Ausgleich herzustellen, als eine ungerechte Bevorzugung der Arbeiter auslegen. Das Verlangen nach paritätischer Ausgestaltung ist aber heute sicher vorherrschend; auch hat die paritätische Ausgestaltung sowohl auf die Beteiligten, für die es nur gut sein kann, wenn sie sich daran gewöhnen, gemeinsame Dinge mit gleichen Rechten zu besprechen und einander achten zu lernen, als auch auf die Verwaltung einen guten Einfluß, insoferne als diese weiß, daß sie kontrolliert wird, und insoferne als sie die notwendige Fühlung mit den Vertretern der Beteiligten behält. Und darum soll diese Forderung erfüllt werden, zumal da sie nur geringe Kosten macht.

Der städtische Arbeitsnachweis, der anfangs hauptsächlich nur ungelernte Arbeiter vermittelte, hat sich redlich Mühe gegeben, auch die Vermittlung der **gelernten Arbeiter**, der Dienstboten, der Angestellten und sogar der landwirtschaftlichen Arbeiter in die Hand zu nehmen. Und gut organisierte Arbeitsnachweise, die den Forderungen der Neuzeit nach geeigneter örtlicher Lage der Anstalt und nach passenden, nach Geschlechtern und Berufen getrennten Geschäftsräumen entgegengekommen sind, haben auch bei der Vermittlung der gelernten Arbeiter und Dienstboten gute Erfolge erzielt; die Vermittlung von Angestellten, die ganz besondere Anforderungen macht, ist nur wenigen Arbeitsnachweisen angegliedert; auch beschränkt sich dann die Tätigkeit fast nur auf die Ortsvermittlung, während beim kaufmännischen Angestellten namentlich die interlokale Vermittlung die größte Rolle spielt. Notwendigerweise mußte aber die **Urproduktion vernachlässigt** werden: die Landwirtschaft, die Forstwirtschaft und der Bergbau, die in ihren Arbeitsproblemen mit der Stadt nicht viel zu tun haben. Freilich befaßten sich einzelne städtische Arbeitsnachweise später auch mit der Vermittlung für die Landwirtschaft, aber nur wenige Ämter brachten es zu mäßigen Erfolgen, die zudem mehr der Not, als der vollen Befriedigung des Bedürfnisses zu danken waren[1]. Dies liegt übrigens nicht am derzeitigen öffentlichen Arbeitsnachweis, sondern hat seinen Grund in der Natur der Sache; die Vermittlung der landwirtschaftlichen Arbeiter kann wohl niemals den städtischen Arbeitsnachweisen zufallen.

Die städtischen Arbeitsnachweise haben auch vielfach sich die Nachweise der Arbeitnehmer, der Innungen und die

---

[1] Vgl. Arbeitsmarkt Nr. 10/1908 S. 226.

paritätischen Facharbeitsnachweise angegliedert; die Arbeitgebernachweise wollen aber von einer Angliederung nichts wissen.

Aus der ganzen Entwicklung ist aber zu ersehen, daß der Gedanke des städtischen öffentlichen Arbeitsnachweises zwar anfangs eine mächtige Werbekraft gehabt hat, daß gut geleitete Ämter sich immer bemüht haben, ihren Wirkungskreis weiter auszudehnen, und daß heute einzelne Ämter auf einer bemerkenswerten Höhe angelangt sind; es ergibt sich aber auch, daß im großen und ganzen ein Stillstand eingetreten ist, der durch die Hilfe des Gesetzes überwunden werden soll[1]. Die Konkurrenzkraft versagt und an ihre Stelle soll gesetzliches Monopol treten. Fürwahr kein gutes Zeichen der derzeitigen Lage. Da muß es auch noch anderswo fehlen.

Die Vorschläge von Dominicus führen mitten hinein in die Frage, ob die gesamte Arbeitsvermittlung in Deutschland örtlich zentralisiert werden und wer der Träger dieser Zentralisation sein soll. Der zweite Vorschlag erkennt nun die Vereinsarbeitsnachweise als gleichgestellt dem öffentlichen Arbeitsnachweis an, scheidet die Vermittlung der Angestellten und landwirtschaftlichen Arbeiter aus und läßt die vorhandenen gewerbsmäßigen Stellenvermittlungen und die Arbeitsnachweise der Interessenten bestehen. Allerdings sollen die einzelnen Arbeitsämter ihre Vermittlung auch auf die ausgeschlossenen Berufe ausdehnen können; ferner soll die Neuerrichtung von gewerbsmäßigen und Interessentenvermittlungen unzulässig sein, wenn ein öffentlicher oder ein sonstiger gemeinnütziger Arbeitsnachweis am Orte oder im Bezirke vorhanden ist. Damit ist wohl ein weiterer Schritt in der Zentralisation getan, diese selbst aber hauptsächlich dadurch, daß gerade die Landwirtschaft, die immer dringender nach Arbeitern ruft, und die übrige Urproduktion aus dem Bereiche der gesetzlichen Regelung ausgeschieden ist, weiter denn je verschoben. Der Gegensatz zwischen Arbeitslosigkeit und Arbeitermangel ist dadurch noch verschärft.

Durch diese ganze Organisation des städtischen öffentlichen Arbeitsnachweises würde also noch keineswegs ein wohltuender Ausgleich verbürgt, denn die Interessen der einzelnen Orte sind doch verschieden, und dann ist auch nicht anzunehmen, daß sich städtische Zwangseinrichtungen, frei von klärender und peitschender Konkurrenz, besser um die Industrie und um das Unternehmertum annehmen, als freie Einrichtungen; die paritätische Ausgestaltung allein kann keine genügende Garantie bieten für das dauernde Wachsein der sozialen Einrichtung. Und so könnte leicht eine Folge der

---

[1] Vgl. auch Beilage zu Nr. 2 des Arbeitsmarktes vom 15. November 1909.

monopolisierten Einrichtung die vollständige Bureaukratisierung des Vermittlungsgeschäftes sein. Schlimmeres aber könnte man sich nicht denken. Denn wenn irgend etwas eines rasch pulsierenden, freien Lebens bedarf, so ist es die Arbeitsvermittlung, die sich stündlich dem Bedarfe anpassen und sich stündlich über alle wirtschaftlichen Vorgänge orientieren muß. Dies aber sind Aufgaben, die sicher nicht jede beliebige Stadt und nicht jeder beliebige Beamte bewältigen kann. Also mit der Bejahung des Könnens des städtischen Arbeitsnachweises ist noch lange nicht das Können selbst verbürgt. Bevor man sich also solche folgenreiche und schwere Eingriffe in die freie Entwicklung erlaubt, muß man sich auch über das Können und über die Folgen im klaren sein. Und daß jede 10 000 Einwohnerstadt sofort die nötigen Einrichtungen und kundigen Beamten stellt, daran ist doch wohl nicht zu denken, ganz abgesehen davon, daß die Bedürfnisse nach Vermittlung auch an solchen Orten grundverschieden, ja manchmal sehr klein sind und daß viel kleinere Orte ein viel lebhafteres Bedürfnis haben.

Mit diesem Vorschlag wird also die Arbeitsvermittlung als eine **rein städtische** Angelegenheit weiterhin behandelt und das platte Land und die kleineren Städte, die oft in anderer räumlicher Verteilung liegen, nur ungenügend berücksichtigt. Der ganzen Frage des übermäßigen Zuges in die Stadt und zur Industrie und der Beschaffung von Ausländern, als Konkurrenten der heimischen Arbeiter, wird hier keine Beachtung geschenkt.

Die Zersplitterung der Arbeitsvermittlung an den **einzelnen Orten** würde allerdings in absehbarer Zeit abnehmen, besonders mit Rücksicht auf den § 4 des Vorschlages, der jede Konzessionsverlängerung und -übertragung ausschließt und den Interessentenarbeitsnachweis spätestens nach zehn Jahren erlöschen läßt, beides ohne Gewährung einer Entschädigung.

Nur wenn dieser zentralisierte städtische Arbeitsnachweis durch eine richtige Organisation und durch Opfermut und Verständnis der Städte fern ab von jedem ungesunden Bureaukratismus und von jedem Autoritätsdünkel, dem ja monopolisierte Stellen leider so leicht verfallen, sich zu einem lebhaften und geschickten Berater und Vermittler und Sucher sich emporschwänge, könnte er die **Vermittlung in den Städten** vollkommen ausführen. Darüber hinaus müßte seine Kraft versagen, und er könnte niemals dem gesamten Problem der Arbeitsvermittlung und der Arbeitslosigkeit und insbesondere nicht den der Vermittlung zugrunde liegenden wirtschaftlichen Vorgängen Rechnung tragen.

Eine andere Frage ist die, ob **die Städte solche Einrichtungen wollen**, die ihnen große Kosten verursachen, zumal in einer Zeit, wo auch die Städte mit dem wachsenden Bedarf ihre Sorge haben. Bisher hat sich der größere Teil der Städte nicht dazu entschließen können, wirksame Arbeitsnachweise ins Leben zu rufen, obwohl der Ruhm freier Entschließung ihnen winkte.

Aber all das Gute und Wünschenswerte vorausgesetzt, brauchen die Städte den Staat noch in sehr werktätiger Weise. Sie brauchen vor allem Geld von ihm und seine Autorität und Oberleitung. Ohne staatliches Geld erscheint die Organisation des städtischen Arbeitsnachweises nicht genügend gerechtfertigt, und ohne staatliche Autorität und Oberleitung würde eine straffere Verbindung und erfolgreiche Verständigung unter den städtischen Arbeitsnachweisen fehlen. Aus der Verwaltungspraxis geht zur Genüge hervor, wie schwierig und schwerfällig oft der Verkehr unter den Gemeinden ist.

Sobald aber einmal die Allgemeinheit sich mit einer Sache befaßt, sei es bloß durch gesetzliche Regelung, sei es außerdem noch durch kräftige Unterstützung von Geld, Autorität und Oberleitung, so muß man sich darüber klar werden, ob die verlangte Regelung und Unterstützung auch wirksam wird für die ganze Volkswirtschaft. Ob übrigens die Städte, deren Augenmerk doch vorwiegend nur auf einen Ort gerichtet ist, allzutief in die volkswirtschaftlichen Vorgänge ihrer Mitwelt hineinschauen können, ist auch sehr fraglich; und ob sie das allseitige Vertrauen der Interessenten gewinnen können, ist heute angesichts der schon erwähnten Tatsache, daß mächtige Arbeitgeberverbände gerade deshalb, weil sie den Städten nicht trauen, eigene Arbeitsnachweise gründen bzw. weiter ausbauen, wohl zu verneinen. Denn diese Verbände werden einer Einrichtung, die ausgestattet mit gesetzlichem Zwangsrecht ihre bureaukratischen Formen vielleicht ausdehnt, weniger trauen, als der heutigen freien Einrichtung, die konziliant sein muß.

Wenn aber die Legitimation des städtischen öffentlichen Arbeitsnachweises auf so schwankenden Füßen steht, und wenn eine Entwicklung, die verhältnismäßig starke Wurzeln hat, gehemmt werden soll, so muß sich der Staat fragen, ob er da überhaupt im gewünschten Sinne mithelfen darf. Denn es könnten leicht aus einer solchen mißlungenen Teilregelung für den Staat sich Aufgaben auslösen, die ihm schwerer fielen als die gesamte Regelung der Arbeitsvermittlung im Sinne einer staatlichen Angelegenheit. Durch die Aufhebung der Interessentenarbeitsnachweise ist noch keine Sicherheit dafür gegeben, daß die Interessenten sich auch dem öffentlichen Arbeitsnachweis zuwenden werden. Die Arbeiter werden wohl kommen und werden der durch Gesetz geschaffenen Einrichtung ihr **Recht auf Arbeit** unterbreiten; wenigstens dann, wenn sie sonst keine Arbeit finden. Wenn aber die Unternehmer nicht kommen, so kann es sehr heikle Situationen geben, denen die Städte kaum gewachsen sein werden. Die Unternehmer sind frei, sie können ihre Kräfte beziehen, woher sie dieselben am besten bekommen, sie können ihre Angebote machen, wohin sie wollen; und dieses Recht wird man ihnen kaum beschneiden wollen. Wenn dann noch die landwirtschaftlichen Arbeitsnachweise, die unbedingt ebenfalls geschaffen werden müssen, mit den städtischen Arbeitsnachweisen nicht in rechte Verbindung treten können, weil die Interessen oft einander zuwiderlaufen (man denke nur an die gemeinsame Arbeiternot im Sommer und den gemeinsamen Überfluß im Winter), so wird man ungefähr ahnen können, welche Verwicklungen sich aus der gewünschten Regelung ergeben können und wie ungelöst das ganze Problem der Arbeitsvermittlung im Sinne der bestmöglichen Beschäftigung aller Arbeiter und im Sinne einer zukünftigen Arbeitslosenfürsorge bleibt.

Bei der Betrachtung aller Vorteile und Nachteile einer Lösung der Frage der zukünftigen Arbeitsvermittlung im Sinne des monopolistischen städtischen Arbeitsnachweises komme ich zum Ergebnis, daß der städtische Arbeitsnachweis die ihm zugedachten Aufgaben nicht erfüllen kann. Wenn ich alles zusammenfasse, was gegen die Eignung des städtischen Arbeitsnachweises als monopolisierten öffentlichen Arbeitsnachweis spricht, so sind es hauptsächlich folgende Punkte:

1. die Ausländerfrage,
2. die Frage der Landflucht,
3. die nun einmal bestehende natürliche Verschiedenartigkeit der Interessen von Stadt und Land,
4. die Unmöglichkeit, im städtischen Arbeitsnachweis auch die landwirtschaftliche Arbeitsvermittlung zu organisieren,
5. die räumlich beschränkte Autorität der Städte,
6. das mangelhafte Vertrauen der Interessenten, insbesondere der Arbeitgeber, zu den Städten,
7. die ungenügende Zentralisation infolge der verschiedenartigen Organisation oder infolge der verschieden durchgeführten gleichen Organisation,
8. die Unmöglichkeit, Probleme allgemeiner Art durch verschiedene, untergeordnete Gewalten lösen zu lassen, und endlich
9. die Unmöglichkeit, diejenigen Aufgaben zu lösen, welche aus dem monopolisierten Arbeitsnachweis notwendigerweise erwachsen müssen.

Die Punkte 1 mit 8 sind teils schon im vorausgehenden behandelt, teils sollen sie im folgenden noch behandelt werden, teils sind sie allgemein bekannt und bedürfen somit hier keiner weiteren Erörterung. Dagegen soll Punkt 9, welcher die zukünftigen Aufgaben der Arbeitsnachweise betrifft, genauer umschrieben werden.

Es ist demjenigen Manne, der in der neuesten Zeit einige zukünftige Aufgaben der Arbeitsnachweise zum ersten Male besprochen hat[1], arg verübelt worden, daß er die Lohnfrage, die Koalitionsfreiheit, den Schutz der Arbeiter vor Arbeitslosigkeit und die Beschränkung oder Verhütung von Streik und Aussperrung in Verbindung mit dem Arbeitsnachweis gebracht hat. Aber ganz mit Unrecht hat Dominicus Angriffe erfahren müssen; er hat nichts weiteres getan, als aus seinen praktischen Erfahrungen und seinem logischen Denken die Konsequenzen gezogen. Wenn ihm ein Vorwurf gemacht werden könnte, so wäre es nur der, daß er den Kreis der zukünftigen Aufgaben der Arbeitsämter nicht noch weiter gezogen hat. Denn es ist doch sicher nichts Überraschendes, wenn einem monopolisierten Arbeitsnachweis größere Aufgaben zugewiesen werden als einem freiwilligen. Überall dort, wo Monopol herrscht, wächst die Verantwortung, weil sie sich an einem Orte konzentriert.

Was das Monopol des Arbeitsnachweises bringen wird und bringen muß, ist klar: Das Verlangen nach dem Rechte auf Arbeit. Wenn einmal alle Arbeitskräfte vor die Schranken des Arbeitsamtes gerufen werden, dann muß es auch allen entweder Arbeit oder entsprechende Unterstützung geben. Das Recht auf Arbeit wird von den Massen so laut verlangt werden, daß es wirksamer wird, als wenn es durch ein Gesetz gegeben würde. Weiterhin werden an diesen monopolisierten Arbeitsämtern die Verhältnisse der Arbeiter und der Arbeitgeber für sich und in ihrer Gegenseitigkeit in einer Weise bekannt, daß man unmöglich an allen diesen Fragen, von deren richtiger Lösung das Wohl und die Zukunft des deutschen Volkes abhängig sein wird, teilnahmslos vorübergehen darf. Von den vielen größeren Fragen abgesehen, will ich nur eine kleine aufwerfen: Wie sind die Unternehmungen mit Arbeitern zu versorgen, die notorisch alle Arbeitsbedingungen in schlechtestem, unzureichendstem Zustande darbieten?[2] Wie, wenn sich die Arbeiter, die sich bei ihrem Zusammentreffen aussprechen können, weigern, solchen Unternehmern Dienste zu leisten?

Sicher haben viele Männer früher schon die Aufgaben der Arbeitsvermittlung höher eingeschätzt, als es vielfach noch

---

[1] S. die Abhandlung, „Die Ausbildung der städtischen Arbeitsnachweise zu Arbeitsämtern", in Nr. 2 des Arbeitsmarktes vom 15. November 1909.

[2] Das englische Versicherungsgesetz gibt auch denjenigen Arbeitern, welche nicht den tarifmäßigen Lohn erhalten, die Arbeitslosenunterstützung (vgl. Soz. Praxis Nr. 13/1912).

heute geschieht; und es ist wohl kein Zufall, wenn gerade die Männer, welche erstmals den Gedanken des öffentlichen Arbeitsnachweises in Deutschland in Formen gegossen haben, die Verbindung mit dem Gewerbegerichte vorgeschlagen haben, wie Lautenschlager in Stuttgart. Diese Männer haben klar erkannt, daß **nicht nur vermittelt** werden muß, sondern daß aus dieser Vermittlung und aus den sich dabei entwickelnden Geschehnissen auch Erkenntnis des Arbeits- und des Produktionsproblems geschöpft und daß gegebenenfalls zwischen den beiden Gegnern, den Unternehmern und Arbeitern, zum Wohle der Beteiligten und der Allgemeinheit ausgeglichen werden muß.

Das sind aber Aufgaben, wie sie nimmermehr von einigen hundert deutschen Städten, von denen vielleicht nicht einmal alle wirksam mithelfen möchten, gelöst werden können; das sind Aufgaben, die nur von der Allgemeinheit durch eine straffe, einigende Organisation gelöst werden können.

IV.

Ich wende mich nun zu der Frage, was in Deutschland für den Arbeitsnachweis bisher von den einzelnen Staaten und vom Reiche geschehen ist, und zwar in gesetzgeberischer, verordnungsmäßiger und anregender Hinsicht und auch in finanzieller Hinsicht, und was weiterhin zu geschehen hat.

Bezüglich des Reiches ist zu sagen, daß es sich finanziell an der Förderung des Arbeitsnachweises ganz wenig beteiligt hat. Denn die vom Reichsamte des Innern gewährte Unterstützung von jährlich 30000 M. an den Verband deutscher Arbeitsnachweise kann wohl kaum als eine irgendwie ausreichende Förderung angesehen werden. In der Gesetzgebung hat es sich öfters mit dem Arbeitsnachweis beschäftigt, so in dem Innungsgesetz vom 18. Juli 1881. Dieses Gesetz sah die Übernahme der Arbeitsvermittlung durch die Innungen vor; tatsächlich haben die Innungsnachweise in Preußen eine ausgiebige Verbreitung gefunden mit gutem Wirkungskreis; in Süddeutschland dagegen ist ihre Bedeutung nicht so groß, weil auch das Bedürfnis nach solchen Arbeitsnachweisen nicht so groß ist bei der besseren Ausgestaltung des süddeutschen öffentlichen Arbeitsnachweises. Bezüglich der privaten Stellenvermittlung in Deutschland[1] sei kurz gesagt, daß die Gewerbeordnung von 1869 die Stellenvermittlung für ein freies Gewerbe erklärt und der Kontrolle der Verwaltungsbehörden enge Grenzen gezogen hatte; das Nachtragsgesetz vom 1. August 1883 statuierte die **Anzeigepflicht** bei der

---

[1] Vgl. Handwörterbuch der Staatswissenschaften, 3. Aufl., Art. Arbeitsnachweis und Arbeitsbörsen von Adler.

zuständigen Behörde und räumte den Zentralbehörden die Befugnis ein, Vorschriften über die Buchführung und die Beaufsichtigung des Geschäftsbetriebes zu erlassen. Da die Mißstände aber immer weiter griffen, wurde durch die Gewerbenovelle vom 30. Juni 1900 die **Konzessionspflicht** eingeführt. Unzuverlässigen Personen mußte die Konzession versagt werden; die Gebührensätze mußten der Ortspolizeibehörde mitgeteilt und im Geschäftslokal angeschlagen werden. Weitere Beschränkungen wurden den Bundesstaaten überlassen; die größten deutschen Staaten haben auch davon Gebrauch gemacht und insbesondere die Stellenvermittlung im Umherziehen sowie die Vereinigung der Stellenvermittlung mit dem Betriebe einer Gast- und Schankwirtschaft verboten.

Mit Reichsgesetz vom 2. Juni 1902 wurde die Stellenvermittlung für Schiffsleute (die sogenannte Heuerbaase) geregelt.

Eine weitere gesetzliche Regelung der privaten Stellenvermittlung brachte das Reichsgesetz vom 2. Juni 1910 (Stellenvermittlergesetz). Wohl die einschneidendste Bestimmung dieses Gesetzes ist der § 2, Satz 2; danach ist die **Erlaubnis zum Betriebe des Gewerbes eines Stellenvermittlers zu versagen, wenn ein Bedürfnis nach Stellenvermittlern nicht vorliegt.** Ein solches Bedürfnis ist insbesondere nicht anzuerkennen, soweit für den Ort oder den wirtschaftlichen Bezirk ein **öffentlicher gemeinnütziger Arbeitsnachweis** in ausreichendem Umfang besteht. Neu ist auch die Bestimmung, daß dann, wenn der Arbeitgeber und der Arbeitnehmer die Tätigkeit des Vermittlers in Anspruch genommen haben, **beide Teile die Vermittlungsgebühr je zur Hälfte** zu bezahlen haben; die Festsetzung der Taxen hat nach Anhören des Trägers des öffentlichen Arbeitsnachweises, der Vertreter der Stellenvermittler, der Arbeitgeber und der Arbeitnehmer zu erfolgen (§ 5). Gemäß § 8 kann die Landeszentralbehörde weitere Bestimmungen über den Umfang der Befugnisse und der Verpflichtungen sowie über den Geschäftsbetrieb der Stellenvermittler erlassen. Die gleichen Bestimmungen kann die Landeszentralbehörde bezüglich der nicht gewerbsmäßig betriebenen Stellen- oder Arbeitsnachweise erlassen.

Es ist unverkennbar der Zweck des Gesetzes, die private Stellenvermittlung einzuengen und diese sowohl wie die nicht gewerbsmäßige Stellenvermittlung einer schärferen Kontrolle zu unterwerfen. Mit diesem Gesetze ist das vorhergenannte Gesetz, betreffend die Stellenvermittlung für Schiffsleute vom 2. Juni 1902, außer Kraft getreten. Wenn auch das Stellenvermittlergesetz den modernen Bedürfnissen nach einem öffentlichen Arbeitsnachweis entgegenkommt, so kann es doch in der Frage des Arbeitsnachweises noch nicht das letzte sein[1].

Die einzelnen Bundesstaaten haben sich gesetzgeberisch an der Sache fast gar nicht beteiligt, dagegen die öffentliche Arbeitsvermittlung zu fördern gesucht; aber ihre Teilnahme ist ganz verschieden. Vor der Gründung des Reiches haben allerdings, wie oben schon erwähnt, zwei Staaten mit der gesetzlichen Regelung der Arbeitsvermittlung sich besonders befaßt.

Bei Würdigung der Politik der einzelnen Bundesstaaten ist zu beachten, daß ein Monopol städtischer oder staatlicher Arbeitsvermittlung nur durch das Reich geschaffen werden kann (Artikel 4 der Reichsverfassung). Dagegen bestünden wohl kaum Bedenken, daß jeder einzelne Bundesstaat fakultative öffentliche Einrichtungen für den Arbeitsnachweis schüfe. Am allerwenigsten aber wären Hindernisse im Wege, die vorhandenen öffentlichen Anstalten finanziell kräftig zu unterstützen; denn letzten Endes ist doch auch die Frage des Arbeitsnachweises eine Geldfrage. Und wenn heute viele Arbeitsnachweise noch gar nicht entstanden sind oder trotz ihres Bestehens nicht ordnungsgemäß funktionieren, so trägt daran der Mangel an Mitteln hauptsächlich die Schuld. Es mag ja den einzelnen Regierungen auch entlastend zur Seite stehen, daß sie selbst vielleicht von der Entwicklung des Arbeitsnachweises nicht ganz befriedigt sind und deshalb auch nicht durch Hingabe größerer Summen diese Entwicklung weiter fördern wollen. Aber immerhin hätte es der städtische öffentliche Arbeitsnachweis, der vielfach in geradezu idealer Hingebung und mit großem örtlichen Erfolge sich um diese allgemeine Angelegenheit bemüht hat, verdient, daß ihn die einzelnen Bundesstaaten finanziell besser unterstützt hätten. Es verrät sicher keine besondere Unterstützungsfreudigkeit, wenn alle Bundesstaaten zusammen in der letzten Zeit jährlich vielleicht einige hunderttausend Mark geopfert haben[2]. Wenn die städtischen Arbeitsnachweise nur in ihrer Bedeutung für die Städte allein richtig erkannt worden wären, so hätten sie bedeutend mehr Unterstützung seitens der einzelnen Staaten beanspruchen dürfen; denn auch das Problem der Arbeitsvermittlung innerhalb der Städte ist durchaus kein rein städtisches, da das Aufsuchen und Wachstum der Städte nicht allein von den Städten selbst abhängt, sondern seine Wurzeln in dem Volkscharakter und in der ganzen volkswirtschaftlichen Betätigung hat.

---

[1] Darüber lassen auch die Verhandlungen im Reichstag keinen Zweifel aufkommen.

[2] Nach dem Jahresberichte des Verbandes deutscher Arbeitsnachweise für 1908/09 betrugen die Subventionen der Staaten, Provinzen, Kreise und Verbände im Berichtsjahre rund 260 000 M. England hat dagegen für 1910/11: 210 000 Pfund in den Etat eingesetzt.

Von den einzelnen Regierungen ist weiteres Entgegenkommen für den städtischen öffentlichen Arbeitsnachweis in der Weise gefordert worden, daß die Regierungen diejenigen Arbeiter, welche sie zur Ausführung ihrer eigenen Arbeiten brauchen, von den öffentlichen Arbeitsnachweisen verlangen; diesem Wunsche hat z. B. Elsaß-Lothringen versuchsweise Rechnung getragen [1]; andere Regierungen haben dieses Ansinnen abgelehnt, weil sie nicht Partei ergreifen wollten. Anderseits aber haben noch nicht einmal alle Städte, obwohl sie diese Anstalten einrichten und unterhalten müssen, dieser Forderung genügt.

Daß bei der ganzen Organisation des städtischen Arbeitsnachweises, bei der Zersplitterung der Arbeitsvermittlung überhaupt, bei dem Mangel eines allgemeinen staatlichen Interesses, der sich sowohl in gesetzgeberischer als auch in finanzieller Hinsicht äußert, die Entwicklung der Arbeitsvermittlung nicht mehr recht vorwärts kommen kann, das ist die Meinung vieler, die mit der Frage tiefer sich befassen.

Was hat nun zu geschehen, damit die Arbeitsvermittlung diejenige Bedeutung erlangt, die ihr gebührt und damit die in der Arbeitsvermittlung ruhenden Aufgaben glücklich gelöst werden können? Die Allgemeinheit, die Staaten und das Reich, werden der Arbeitsvermittlung mehr Aufmerksamkeit schenken müssen. Die grundlegenden Normen werden zweckmäßig vom Reiche selbst ausgehen; die Durchführung derselben werden die Einzelstaaten übernehmen müssen. Unter allen Umständen muß der Staat die Oberaufsicht übernehmen, die Organisation einheitlich bestimmen und selbst an der Organisation teilnehmen, dabei allerdings die bisher bewährten und der Bestimmung entsprechenden Arbeitsnachweise benützen und weiter, den zukünftigen Aufgaben gemäß, ausgestalten. Denn daß der Staat einfach nun staatliche Arbeitsnachweise ins Leben setzt, unbekümmert um die vorhandenen Arbeitsnachweise, wird niemand ernstlich von ihm verlangen wollen.

Gegen eine gesetzliche Regelung und staatliche Besorgung der Arbeitsvermittlung wird man den Vorwurf erheben, daß der Staat an sich schon zuviele Erscheinungen des wirtschaftlichen Lebens gesetzlich binde und daß er dadurch das freie Walten der Kräfte hemme; man wird einwenden, daß der Staat nicht immer Glück gehabt habe mit seiner Gesetzgebung und daß ein zuviel der Gesetze vom Übel sei. Gewiß mag dieser Vorwurf für manche Materie zutreffen; gewiß mag die Befürchtung, daß der Staat eine große Verantwortung mit der Regelung der Arbeitsvermittlung übernehme, richtig sein; aber den Staat allein trifft auch letzten Endes die Ver-

---

[1] Vgl. Arbeitsmarkt Nr. 11/1908 S. 257.

antwortung für das Wohl und Gedeihen der in seinen Grenzen lebenden Menschen, für das Wohl der Nation und des Landes. Das Elend der Arbeiter, die Not der Unternehmer, die über Gebühr große Arbeitslosigkeit in den Großstädten auf der einen Seite und die weit über das ordentliche Maß hinausgehende Beschäftigung von Ausländern, die Entvölkerung des platten Landes und der damit für die Landwirtschaft und die in ihr lebenden Gewerbe verbundene Arbeitermangel auf der anderen Seite müssen dazu führen, daß die Regelung dieser Angelegenheit nicht weiterhin den Interessenten oder Beauftragten oder gar den daraus Erwerbseinkommen beziehenden Stellenvermittlern überlassen wird.

Die Beschaffung von Arbeit und von Arbeitern ist auch kein Problem der Städte oder der Industrie oder der Landwirtschaft, sie ist vielmehr ein Problem der ganzen Volkswirtschaft. Die natürlichen Gegensätze des Unternehmers und des Arbeiters, der Stadt und des Landes, der Industrie und der Landwirtschaft dürfen sich nicht vergrößern; es muß im Gegenteil darauf geachtet werden, daß diese Gegensätze gemildert und ausgeglichen werden. Man redet so viel davon, daß es nicht zulässig sei, daß innerhalb der Staatsgewalt sich noch andere Gewalten konsolidieren, aber man übersieht dabei, daß die schädlichsten Gewalten die unnatürlichen Gegensätze sind.

Der Staat allein, als oberste Verkörperung der Gesellschaft, hat die Kraft und die Einsicht und die Autorität, Ordnung in das schwierige Problem der Arbeitsvermittlung zu bringen; ihm wird Vertrauen im weitesten Maße entgegengebracht; er allein kann die Regelung so durchführen, wie es das Interesse der Beteiligten einerseits und das Wohl der Allgemeinheit anderseits erheischt. Er allein kann die Gegensätze zwischen Stadt und Land, zwischen Industrie und Landwirtschaft, zwischen Arbeitern und Unternehmern überbrücken, er allein kann die Direktion der Arbeitermassen übernehmen, er allein kann die nationale Arbeit schützen gegen den Import von ausländischen Arbeitern. Heute muß sogar der Staat die Einfuhr ausländischer Arbeiter begünstigen, weil er sich nicht kümmert um die Arbeitsvermittlung und weil er in der Erkenntnis des Arbeits- und Produktionsproblems auf die einseitige Information der Beteiligten angewiesen ist.

Man mag ferner mit Recht einwenden, daß auch ein Reichsgesetz den Zug von dem Lande nach der Stadt und nach der Industrie nicht sofort hemmen, daß es den Arbeitermangel in der Landwirtschaft und das Elend der angehäuften Massen in den Städten nicht wegfegen und daß es das Verlangen nach billigen Arbeitskräften nicht stillen kann; fürwahr, man wird keine Wunder erwarten, wohl aber das, daß man sich Mühe geben wird, Einrichtungen zu schaffen, die allen zulässigen Anforderungen mit der Zeit gerecht werden können; man wird diese Einrichtungen sachlich und persönlich so organisieren, daß sie brauchbare Registrierapparate werden, daß sie gerne aufgesucht werden wegen des großen Maßes von Verständnis für die Fragen der Arbeit und der Produktion, daß sie einwandfreie Berichterstatter der Lage des Arbeitsmarktes werden und daß sie jederzeit mit diesbezüglichen Untersuchungen betraut werden können.

Neben eine möglichst vollkommene Organisation muß dann freilich noch ein gewisser **gesetzlicher Zwang** treten, denn ohne Zwang hätte ein derartiges Gesetz keine feste Unterlage; ohne Zwang würde der staatliche Arbeitsnachweis einfach in Konkurrenz mit den vorhandenen Arbeitsnachweisen treten, und er dürfte ideal sein, so möchten doch viele Interessenten an ihm zu tadeln haben.

Daß er die vorhandenen öffentlichen Arbeitsnachweise, soweit sie geeignet sind, zur weiteren Ausgestaltung übernimmt, ist klar. Er wird dadurch nur Arbeit, Zeit und Kosten sparen. Daß er den Beteiligten eine Vertretung zuerkennen wird, ist selbstverständlich, weil sie, wie oben schon gezeigt, überhaupt im Interesse des öffentlichen Arbeitsnachweises liegt; ebenso ist das Prinzip der **Gebührenfreiheit** durchzuführen mit Ausnahme der Fälle, wo durch die besondere Art der Verhandlungen, wie z. B. bei der kaufmännischen Vermittlung nach auswärts, besonders viel Zeit und Kosten aufgewendet werden müssen. Derartige Verhandlungen liegen in erster Linie im Interesse der Beteiligten, und es kann von ihnen, zumal wenn es sich um gut bezahlte Stellen handelt, wohl auch ein Teil der Kosten übernommen werden. Damit wird das Verständnis für den öffentlichen Arbeitsnachweis eher gefördert, als wenn man alles umsonst gibt. Ebenso kann es mit der Vermittlung von Arbeitern nach auswärts gehandhabt werden, für welche der Unternehmer gerne einen Teil der Auslagen zurückerstattet.

Es liegt ferner in der Natur der Sache, daß nicht alle anderen Arbeitsnachweise nach der Schaffung dieses Reichsgesetzes **sofort** ihre Tätigkeit einstellen. Die Übernahmsverhandlungen, die Verständigung mit den Interessenten-Arbeitsnachweisen, die vollständige Einrichtung der staatlichen Arbeitsnachweise erfordern viel Zeit; ebenso muß für die gewerblichen Stellenvermittler eine Übergangszeit bewilligt werden, und wenn diese billig bemessen wird, vielleicht fünf Jahre, wird die Gewährung einer Entschädigung wohl kaum in Aussicht zu nehmen sein. Denn bei guter Ausgestaltung der staatlichen Arbeitsnachweise würden sie an sich nicht mehr lange wirken können. Andere Einrichtungen, wie die Naturalverpflegungsstationen, bedürften nur einer besseren Organisation und strafferen Zusammenfassung unter sich und mit dem Arbeitsamt, wie es in Baden und Böhmen bereits der Fall ist.

Die Arbeitsnachweise der Wohltätigkeitsvereine, die meist nur eine besondere Schicht von Arbeitern vermitteln, und zwar durch persönliche Empfehlung, könnten vorerst ebenfalls belassen werden. Das Arbeitsnachweisgesetz würde gewisse gemeinsame Vorschriften bezüglich der Registrierung und der Berichterstattung an den staatlichen Arbeitsnachweis, dessen Aufsicht sie unterstellt wären, vorsehen. Hierdurch würde der staatliche Arbeitsnachweis volle Einsicht in diese Art der Vermittlung erhalten und leicht entscheiden können, ob solche Arbeitsnachweise ihre Aufgaben erfüllen. Ähnlich könnte man es für die erste Zeit mit der Vermittlung der bestehenden Dienstbotenheime (Marienanstalten, Marthastifte usw.) halten. Denn es ist nicht zu leugnen, daß diese, meist von religiösen Gesellschaften geleiteten, Heime deshalb das besondere Vertrauen der Dienstgeber genießen, weil die Mädchen längere oder kürzere Zeit im Heim sich aufgehalten haben und meist auch in ständiger Verbindung mit dem Heim stehen (Besuch an den Sonntagen, Teilnahme an der Belehrung und den Arbeitskursen usw.); das Heim kann also auch das sittliche Verhalten der Mädchen beurteilen. Daß die Heime als solche eine willkommene Ergänzung unserer sozialen Einrichtungen darstellen und wert sind, dauernd erhalten zu werden, wird jedermann gerne zugestehen, der die Dienstbotenfrage einigermaßen kennt. Und wenn sie Vertrauen genießen, so soll es ihnen nicht genommen werden. Denn die ganze Arbeitsvermittlung ist ja eine Vertrauenssache.

Diese Gesichtspunkte mögen genügen zur Kennzeichnung der Übergangszeit: Erhaltung und weitere Ausgestaltung des wohlbewährten Alten, verständige Berücksichtigung besonderer Verhältnisse und wirksame Zusammenfassung und Oberaufsicht durch den staatlichen Arbeitsnachweis.

Bezüglich der Beschaffung von ausländischen Arbeitern brauche ich hier bloß darauf hinzuweisen, daß niemand vom Staate verlangen wird, daß er diese Einführung sofort gesetzlich verbietet, so lange die Landwirtschaft nachgewiesenermaßen einheimische Arbeiter nicht erhalten kann. Aber es wird eine der vornehmlichsten Aufgaben der neuen Einrichtung sein, dieser Frage ganz besondere Aufmerksamkeit zu schenken. Freilich wird der Arbeitsnachweis allein diese Frage nicht lösen können; es wird noch anderer Vorkehrungen und Änderungen in unserer Volkswirtschaft bedürfen, um diese Frage glücklich zu lösen. Die Anregungen hiezu sollen aber gerade aus den öffentlichen Arbeitsnachweisen erwachsen, deren Leitung ja in ständiger Fühlung mit allen Beteiligten sein wird.

Was nun die sachliche Organisation des neuen

staatlichen Arbeitsnachweises betrifft, so dürfte sich diese am besten wohl so gestalten: An der Spitze des gesamten staatlichen Arbeitsnachweises steht eine **Landeszentralanstalt**, welche zugleich auch die Vermittlungsgeschäfte an ihrem Sitze führt. Denn eine Zentrale ohne Arbeitsvermittlung wäre nichts Lebendiges; ihr fehlte die Kraft und die Erfahrung, die aus dem flüssigen Leben der Arbeitsvermittlung quillt. Im übrigen wird das Land in Bezirke eingeteilt (vielleicht 3000 bis 5000 Quadratkilometer)[1]; in jedem Bezirke wird die **Bezirksanstalt** als beruflich geleitete staatliche Arbeitsnachweisbehörde (**Arbeitsamt**) errichtet. Dem staatlichen Arbeitsamt stehen zur Seite **Filialen** in den Städten und größeren Gemeinden, die aber von den Gemeinden unter Aufsicht der Bezirksanstalt und mit Unterstützung des Staates verwaltet und besorgt werden, ferner die in jeder Gemeinde einzurichtenden Meldestellen (**Sammelstellen**).

Die heutigen gemeindlichen Arbeitsnachweisanstalten würden somit dort, wo ein staatliches Arbeitsamt entsteht, meist ohne weiteres zu diesem ausgebaut werden können, und dort, wo keines entsteht, ihre bisherige Tätigkeit erweitern. Eine Entschädigung für die Abtretung der vorhandenen Anstalten würden die Städte kaum verlangen, da sie ja froh wären, von einer Arbeit befreit zu werden, und da sie in Zukunft weniger Ausgaben für diese Einrichtung hätten. Daß auch bewährte Personen, soweit die neue persönliche Organisation nicht im Wege steht, mitübernommen würden, wäre nur ein Akt der Klugheit. Die Städte würden ohne Zweifel auch in dieser Personenfrage weitestes Entgegenkommen zeigen, so daß bezüglich der Gehalts- und Pensionsfrage sich kaum ernstliche Differenzen ergäben.

Die Bezirksanstalten wählen ihren Standort natürlich nicht nur in Städten und berücksichtigen nicht nur die Größe der Stadt. Für sie ist nicht entscheidend, ob eine Stadt 5000 oder 10000 oder 20000 Einwohner hat, sondern für sie ist nur entscheidend der Ort, wo ein Bedürfnis für Arbeitsvermittlung besteht, wo die Umgebung leicht aufgenommen werden kann und wo sich ein genügendes Arbeitsfeld eröffnet. Bei der Auswahl des Ortes ist auch besonders zu berücksichtigen die landwirtschaftliche Nachfrage und der Ein- und Ausgang der Arbeiter über die Landesgrenzen.

Aber mit diesen Berufsarbeitsnachweisen (d. i. beruflich geleiteten) ist es noch nicht abgetan; ihre Zahl kann auch wegen der Kosten und der Arbeitsaufgaben keine allzu große sein[2]. Zu den neu zu gründenden staatlichen Arbeitsämtern

---

[1] Bezüglich Bayern siehe Tabelle XVI.
[2] England hatte bis Ende 1910: 146 errichtet, geplant sind nach dem Gesetze vom 20. September 1909: 250 Anstalten.

und den bisherigen öffentlichen Arbeitsvermittlungsstellen als Filialen würden auch noch als notwendige Ergänzung die gemeindlichen Sammelstellen kommen. Diese Sammelstellen könnten jederzeit bei Bedarf und mit öffentlicher Unterstützung in Filialen der Bezirksanstalten umgewandelt werden.

Jede Gemeinde soll nicht nur einen Beitrag zu den Kosten leisten, nein, sie soll auch mithelfen an der Arbeitsvermittlung, wie sie heute schon an verschiedenen öffentlichen Angelegenheiten mitwirken muß. Erst dann wird die Bedeutung der Arbeitsvermittlung allgemein erkannt werden, erst dann wird über verschiedene Probleme (Arbeitslosigkeit, Arbeitermangel, Binnenwanderung, Landflucht, Ausländerfrage usw.) genaueste Auskunft erreicht werden[1]. Es entspricht nur dem Grundsatze der Gerechtigkeit und der politischen Klugheit, daß alle Gemeinden ihr körperliches und geistiges Scherflein beitragen, weil sie auch alle an den Aufgaben des staatlichen Arbeitsnachweises interessiert sind. Und wirklich ein Scherflein wird von vielen Gemeinden nur verlangt, das sie gerne tragen werden. Was haben sie also neben dem kleinen Beitrage zu tun? Sie sammeln Angebot und Nachfrage in einer Liste, führen die örtliche Vermittlung durch und übermitteln alles, was sie nicht selbst erledigen können, wöchentlich und im Bedarfsfalle öfter, im Notfalle aber telephonisch oder telegraphisch dem zuständigen staatlichen Arbeitsnachweise. Ja, es könnte sogar der rascheren Erledigung halber diese Liste an die nächste größere Sammelstelle oder Filiale gehen, wenn erfahrungsgemäß dort eine Befriedigung des Angebotes oder der Nachfrage erfolgen kann oder wenn diese Sammelstellen und Filialen offene Stellen und Stellensuchende als zur Verfügung stehend veröffentlicht haben. Über all dieses muß ebenfalls an die Bezirksanstalt berichtet werden, die ja über alle Vorgänge an den angeschlossenen Vermittlungsstellen orientiert sein muß. In dringenden Fällen müssen immer Telephon und Telegraph benützt werden, besonders auch wegen der Vermeidung von Doppelbesetzungen. Peinlichste Sorgfalt hat also in allem zu herrschen. Die größeren Sammelstellen erhalten Zuschüsse, insoweit ihre Aufwendungen das Maß des die Gemeinde treffenden Beitrages überschreiten, wobei selbstverständlich die Größe des Ortes nicht allein berücksichtigt wird, sondern auch seine wirtschaftliche Bedeutung.

So klein und unbedeutend die Mitwirkung aller Gemeinden

---

[1] Keßler a. a. O. sagt S. 56: „Die öffentliche Arbeitsvermittlung wird vollkommen organisiert sein, nicht wenn sie einige vorbildliche hauptstädtische Bureaus, sondern wenn sie ein systematisch verknüpftes Netz von Nachweisen im ganzen Staatsgebiet geschaffen hat.

scheinen mag, so wird sie doch hinreichend wirksam in ihrer Zusammenfassung mit den größeren Sammelstellen, mit den Filialen, mit den Bezirksanstalten und mit der Zentralanstalt. Daraus entsteht genaue Orientierung über den Bedarf der kleinsten Gemeinde, über die in ihr herrschenden Arbeits- und Produktionsverhältnisse und über eine Reihe anderer Fragen. So wird dadurch jedenfalls eine Fundgrube reicher sozialer Erkenntnis geschaffen, und zwar mit den geringsten Kosten, mit dem geringsten Kraftverbrauch und mit der sichersten Wirkung.

Die größeren Sammelstellen und die Filialen haben sich völlig in die staatliche Organisation einzugliedern und werden deshalb wertvolle Bestandteile des staatlichen Arbeitsamtes sein, insbesondere in der örtlichen Vermittlung; dieses wird aber über alle Einrichtungen wachen und ihre gesamte Geschäftsführung in sich aufnehmen.

Ein Widerspruch der Gemeinden ist wohl kaum zu erwarten, zumal wenn ihre Einrichtungen genügend staatlich unterstützt werden. Die Gemeinden sind ja selbst so stark interessiert daran, daß einmal Ordnung und Wirksamkeit in die Arbeitsvermittlung kommt.

Die Bezirksanstalten selbst stehen in ununterbrochener Verbindung mit allen Filialen und Sammelstellen, treten untereinander in Verbindung und alle zusammen stehen sie mit der Zentralanstalt in Verbindung. Die Bezirksanstalten sind in erster Linie die Hauptsammel- und Hauptvermittlungsstelle ihres Bezirkes; sie stehen allen Gemeinden mit Rat und Tat bei und beaufsichtigen ihr Geschäftsgebahren. Die Filialen und die größeren Sammelstellen wird der Leiter der Bezirksanstalt periodisch oder bei Bedarf besuchen und prüfen; er wird überhaupt in Ausübung seines Berufes als Ratgeber und Verhandler in schwierigen Fällen zu diesen Sammelstellen kommen und so das ganze Gefüge aus eigener Erfahrung kennen lernen. Was also in seinem Bezirke vorgeht, in der Landwirtschaft, in der Industrie und im Handel wird er aus der Berichterstattung, aus der mündlichen Verhandlung und aus der steten Berührung mit allen Beteiligten in einer geradezu idealen Weise erfahren. Einem solchen Manne wird vieles anvertraut werden, was den Leitern des heutigen Arbeitsnachweises nicht anvertraut werden kann; er wird einen Einblick bekommen in die Wünsche der Unternehmer und der Arbeiter, wie es heute kaum gedacht werden kann.

Die Bezirksanstalten treten auch untereinander in Verbindung. Sie halten sich gegenseitig auf dem Laufenden in Angebot und Nachfrage, sie gleichen Angebot und Nachfrage untereinander aus, soweit dies nur möglich ist. Das ist ja eine natürliche Folge des Grundsatzes der Raschheit und Billigkeit, der hier besonders zu beachten ist. Gegenseitiger

Listenaustausch, gegenseitiger Erfahrungsaustausch, gegenseitige Hilfe und, wenn notwendig, gemeinsames Handeln müssen die Grundprinzipien der Bezirksanstalten sein. Über alle wichtigen Vorgänge müssen die Bezirksanstalten an die Hauptanstalt berichten, damit diese eine genaue Kenntnis der außen vorkommenden Geschehnisse erhält[1].

Die Hauptanstalt (Landeszentrale) ist die Beraterin aller Bezirksanstalten; neben der örtlichen Vermittlung leitet sie die Hauptvermittlungsstelle, besorgt den Landesausgleich in Angebot und Nachfrage, soweit dieser nicht von den Bezirksanstalten durchgeführt werden kann, und verarbeitet ihr eigenes Material, sowie das von den Bezirksanstalten eingehende Material. Sie wacht über die gesamte Organisation, gibt Anregungen, leitet die anzustellenden Untersuchungen über Arbeitsfragen (Lohn, Wanderungen usw.) und erstellt den Hauptbericht, in welchem auch die Berichte der einzelnen Bezirksanstalten enthalten sind. Sie faßt wöchentlich die eingehenden Listen zusammen, soweit dies tunlich und notwendig ist, und erstellt einen allgemeinen Arbeitsmarktbericht. Daß man dann erst von einem wirklichen Arbeitsmarkt sprechen kann, geht aus dem Vorstehenden klar hervor. Die Hauptanstalt berichtet auch der Staatsregierung und empfängt von dort ihre Weisungen. Alle sonstigen Berichte der Bezirksanstalten laufen durch die Hauptanstalt und von hier aus erst an die Regierung. Durch all das wird die Hauptanstalt rasch und genau über alle Vorgänge in der Arbeitsvermittlung unterrichtet, und sie vermag dann selbst wieder rasch und genau zu berichten und zu handeln. Ihr Verhältnis zu den Bezirksanstalten soll besser das eines „primus inter pares" sein als das einer vorgesetzten Behörde. Sie dienen ja alle der gleichen Sache, sollen Vertrauen sich erwerben und ihr Bestes hingeben.

Von ganz besonderer Bedeutung ist die persönliche Organisation. Man wird unschwer aus der kurzen Skizzierung der Aufgaben des öffentlichen Arbeitsnachweises entnehmen können, daß hier nur tüchtige Personen tätig sein können. Sie zu suchen und zu finden muß also eine wichtige Sorge sein. Schon im heutigen Arbeitsnachweis der Städte wird der Ruf nach tüchtigen Kräften in der Leitung und in der Vermittlung immer stärker erhoben. Und die heutigen öffentlichen Arbeitsnachweise haben ihre Erfolge nicht zuletzt tüchtigen Männern zu verdanken, die ohne Scheu vor Arbeit der Organisation und Weitergestaltung der Arbeitsnachweise ihre ganze Kraft geopfert haben. Weite Kreise aber, besonders

---

[1] Vgl. Keßler a. a. O. Vorbemerkungen. Dort ist konstatiert, daß keine Stelle zum gemeinsamen Austausch von Erfahrungen und Anregungen usw. vorhanden ist.

die Großunternehmungen, werfen dem heutigen öffentlichen Arbeitsnachweis vor, daß er, aus lauter Beamten bestehend, unmöglich die Interessen der Industrie und des Gewerbes und der Landwirtschaft wahrnehmen könne. Er habe keine Fühlung mit den Beteiligten und verstehe die Wünsche und die Bedürfnisse der einzelnen Gewerbe nicht. Daher macht sich die Forderung nach **fachmännischen Leitern** des Arbeitsnachweises und nach **fachmännischen Vermittlern** immer mehr geltend; einige Städte haben dieser Forderung auch in einzelnen Punkten nachgegeben[1]. Die Arbeitsnachweise der Arbeitgeber sind meist von Fachleuten geleitet, ebenso die der Arbeitnehmer, vielfach auch die der Innungen. Daß die Städte nicht in dem Umfange den neuzeitlichen Forderungen nachgegeben haben, liegt sehr viel an der Organisation des städtischen Arbeitsnachweises und seiner Eingliederung in den städtischen Beamtenkörper. Es liegt aber auch daran, daß die Kosten der städtischen Arbeitsnachweise immer mehr wachsen, daß die Bürde des Arbeitsnachweises vielfach unwillig getragen und daß die Arbeitsvermittlung als ein notwendiges Übel betrachtet wird. Aber das Verlangen nach Fachleuten ist da und es ist auch gerechtfertigt. Gewiß gibt es Beamte, die vermöge ihrer Intelligenz und ihres Willens auch in Gebieten, die ihnen an sich fremd sind, sich einarbeiten können, die im Laufe der Zeit tüchtige Kenntnisse für die Bedürfnisse und Wünsche der einzelnen Gewerbe sich aneignen; aber ihre Zahl ist nicht sehr groß, bei der Einarbeitung geht viel Zeit verloren, und wenn der Beamte eingearbeitet ist, wandert er weiter in ein anderes Amt, wo er schneller vorwärts kommt. Je mehr aber gewechselt wird, desto schlimmer ist es mit der Vermittlung bestellt. Wenn irgendein Amt und seine Führung mit der Person aufs engste verbunden ist, so ist es hier. Eine ungeeignete Person kann hier unersetzlichen Schaden anrichten; denn einmal verlorenes Vertrauen gewinnt man nicht so schnell wieder.

Wenn aber der Ruf nach fachmännischer Leitung als gerechtfertigt anerkannt wird, so muß auch für die neue Organisation, die ja das Beste leisten soll, diese Forderung erhoben werden. Wer kommt nun als Fachmann in Betracht? Bei der Größe der Aufgaben des zukünftigen öffentlichen Arbeitsnachweises, der neben der Vermittlung auch andere große Aufgaben zu lösen hat, die tief hinein in das volkswirtschaftliche Leben führen, können nur Personen in Betracht

---

[1] Als Fachmann spricht man heute Vermittler oder Leiter an, die aus dem Gewerbe stammen, in dem sie die Vermittlung leiten; so wird z. B. in München die Vermittlung im Gastwirtsgewerbe unter der Aufsicht des städtischen Arbeitsamtes von einem früheren Oberkellner geführt.

kommen, die neben einer umfassenden Allgemeinbildung das ganze Wirtschaftsleben aufs genaueste kennen; die ein selbständiges Urteil, reife Erfahrung und die Fähigkeit haben, selbständig Untersuchungen über wirtschaftliche Vorgänge zu machen, die es verstehen, mit allen Klassen der Bevölkerung zu verkehren, die keine Arbeit und keine Mühe und keine Enttäuschung scheuen, Männer also, die bereit sind, sich dieser Sache ganz zu opfern. Dem Bildungsgange nach kommen in Betracht volkswirtschaftlich, technisch und landwirtschaftlich Gebildete [1]. Der volkswirtschaftlich Gebildete, der auch allgemeine technische Bildung haben soll, wird dort am Platze sein, wo die drei großen Gewerbe (Landwirtschaft, Industrie und Handel) gemischt vorkommen; der technisch Gebildete, der auch allgemeine volkswirtschaftliche Kenntnisse haben muß, wird dort am Platze sein, wo das Gewerbe vorherrscht, und der landwirtschaftlich Gebildete, der ebenfalls volkswirtschaftlich gebildet sein muß, wird dort am Platze sein, wo die Landwirtschaft vorherrscht. Dem Charakter und den übrigen Eigenschaften nach werden sie von der Staatsregierung aus den besten Bewerbern auszuwählen sein. Die Leitung der Hauptanstalt wird dem Tüchtigsten unter ihnen zufallen. Ein Wechsel in den Stellungen soll möglichst vermieden werden. Um all das zu erreichen, muß eine **ausreichende Besoldung** mit kurzen und genügenden Gehaltsvorrückungen festgelegt werden, damit auch wirklich tüchtige Männer sich bewerben können. Jeder hierarchische Aufbau unter den Leitern der Anstalt und der Hauptanstalt wird wohl am besten vermieden werden.

Die gleiche Sorgfalt ist auf das übrige Personal zu verwenden. Hier muß dem Rufe nach fachmännischer Vermittlung ebenfalls möglichst entgegengekommen werden. Dies wird sich um so leichter ausführen lassen dort, wo ganz neue Anstalten errichtet werden müssen, allmählich erst dort, wo die gemeindlichen Anstalten übernommen und weiter ausgebaut werden. Leute mit guter Allgemeinbildung, technischer und landwirtschaftlicher Bildung, mit treffendem Urteil, dem nötigen Verantwortungsgefühl und einem guten Verkehrston werden hier gerade gut genug sein. Es müssen erstklassige Menschen sein, die der Arbeitsvermittlung treu bleiben und die deshalb die nötige Achtung und eine ausreichende Besoldung genießen müssen. Die Selbständigkeit dieser Vermittlungsbeamten soll möglichst wenig eingeschränkt sein, denn je größer das Verantwortungsgefühl eines tüchtigen Beamten ist, desto mehr wird er von sich geben. Dieses Ver-

---

[1] Der Zentralarbeitsnachweis für den Bezirk der Kreishauptmannschaft Dresden (Vereinsarbeitsnachweis) hat einen Nationalökonomen als Geschäftsführer bestellt (Dr. Graack).

trauen wird ihm die Liebe zur Sache in vollstem Maße geben, und diese Hingebung an die Sache wird den ganzen Beamtenapparat billiger und angesehener machen. Auch hier ist, wie bereits früher bemerkt, ein Wechsel möglichst zu vermeiden und für die Heranziehung geeigneter Kräfte rechtzeitig Sorge zu tragen. Daß **tüchtige Arbeiter** ebenfalls geeignete Vermittlungsbeamte geben, das sehen wir am deutlichsten in den Arbeiterorganisationen, wo nicht selten geradezu fähige Köpfe tätig sind, die Schrift und Wort und Ton in gleicher Weise beherrschen. Wenn bei einer solchen Sache, die das Vertrauen aller erfordert, auch allen Vertrauen entgegengebracht wird, so wird der Sache selbst der größte Dienst erwiesen. Der Vermittlungsbeamte wird dann auch in seinen Angelegenheiten ein eigenes Urteil haben und in sachgemäßer, freier Weise an die Leitung berichten können. Und **Wahrheit und Wirklichkeit** müssen hier vor allem zu Worte kommen.

Die **weibliche Vermittlung soll von weiblichen Beamten** mit guter Vorbildung und reifen Erfahrungen geführt werden, wie dies heute schon an gut organisierten städtischen Arbeitsnachweisen der Fall ist. Wenn irgendwo die Frau am Platze ist, so ist es hier; denn die Vermittlung soll keine **peinliche** Ausfragesache sein, sondern sie soll mit sittlichem Ernste Kenntnis von wirtschaftlichen Erlebnissen und Vorgängen nehmen [1].

Damit aber eine ungesunde Bureaukratie von den Arbeitsämtern möglichst ferne bleibe, soll dem Leiter der einzelnen Anstalt sowohl wie der Hauptanstalt ein **paritätischer Ausschuß** zur Seite stehen. Innerhalb des der Anstalt zugewiesenen Bezirkes sollen die Unternehmer wie die Arbeitnehmer aus ihren Reihen eine gleiche Anzahl von Vertretern wählen, und zwar aus allen Erwerbszweigen [2]. Dieser Ausschuß soll periodisch und bei wichtigen Anlässen einberufen werden müssen, und zwar auch auf Antrag der Ausschußmitglieder. Der Ausschuß soll auf die Leitung selbst, deren Geschäftsführung durch ministerielle Vorschrift genau geregelt wird, keinen direkten Einfluß haben, weil ja dadurch die Einheitlichkeit der Anstalten verletzt würde; dagegen soll der Ausschuß das Recht der Beratung und der Anregung haben. Die Protokolle hierüber werden zweckmäßig durch die Hauptanstalt an die Staatsregierung gehen, versehen mit den Gutachten der Bezirksanstalt und der Hauptanstalt. Der Hauptanstalt soll ein Orts- und ein Landesausschuß zur Seite

---

[1] Die Frau als Vermittlungsbeamtin ist auch im englischen staatlichen Arbeitsnachweis tätig. Beveridge erwähnt in seinem Berichte an die Internationale Konferenz in Paris 1910, daß 1910 schon neben 600 männlichen Beamten 130 weibliche Beamte tätig waren.

[2] Diese Wahl kann gleichzeitig mit den Wahlen zum Gewerbegericht erfolgen.

stehen. Dieser soll sich bilden aus den Vertretern der Mitglieder der Bezirksausschüsse und den Leitern der Bezirksanstalten unter dem Vorsitze des Leiters der Hauptanstalt. Ergänzt soll dieser Landesausschuß werden durch Vertreter der Wissenschaft, der Gemeinden und des Staates. Doch wird er nur in ganz außerordentlichen Fällen zusammentreten können, namentlich als ein Vorberater gesetzlicher Maßnahmen.

Damit wäre in großen Zügen die sachliche und persönliche Organisation des staatlichen Arbeitsnachweises gezeichnet. Es erübrigt noch seiner Einreihung in den Beamtenorganismus des Staates zu gedenken. Es wird aus dem vorher Gesagten wohl schon herausklingen, daß an eine freie, selbständige und möglichst wenig eingeengte Organisation gedacht ist. Da die Organisation über das gesamte Staatsgebiet sich erstreckt und die Bezirksanstalten sich nicht nach den Verwaltungsbezirken zu richten brauchen, sondern einzig und allein nach dem Bedürfnis innerhalb des ganzen Landes, da ferner die leitenden Persönlichkeiten mit einem großen Maße von Machtvollkommenheit und Verantwortung ausgestattet werden sollen und da endlich die Geschäftsführung so rasch und so einfach wie nur möglich arbeiten soll, so kann von einer Unterordnung unter andere Behörden wohl kaum eine Rede sein. Die staatlichen Arbeitsämter schließen sich zusammen in dem Hauptamt und unterstehen nur dem betreffenden Ressortministerium. Damit allein ist eine freie und einheitliche Organisation gewährleistet, damit allein ist eine rasche Berichterstattung, von der alles abhängt, ermöglicht, damit allein werden auch die leitenden Stellen das Maß von Verantwortung und Selbständigkeit erhalten und behalten, das zur Gewinnung des allgemeinen Vertrauens unbedingt notwendig ist. Je freier und selbständiger diese Ämter sind, desto größer ist ihr Ansehen, desto mehr können sie der Sache allein dienen. Und die Öffentlichkeit, vor der sich alles abspielt, wird wachen über die Integrität und Tüchtigkeit der ganzen Einrichtung.

Die innere Geschäftsführung soll einfach, genau und übersichtlich und insbesondere nach der statistischen[1] Seite hin sehr fruchtbar sein. Ob bei der Registrierung von Angebot und Nachfrage das Listen- oder Kartensystem oder das gemischte System in Frage kommen soll, das kann hier nicht entschieden werden. Denn erstens sind sich die

---

[1] Dieser zentralisierte und nach einheitlichen Grundprinzipien durchgeführte staatliche Arbeitsnachweis wird ja die Erfassung von Angebot und Nachfrage und der Arbeitslosen in viel vollständigerer Weise wie heute, ja vielleicht sogar in exakter Weise betätigen können. Es wird hier also eine Aufzeichnung Platz greifen, die den wissenschaftlichen Erfordernissen der Massenbeobachtung möglichst nahe kommt.

Praktiker selbst noch nicht im klaren[1], welches System vorzuziehen ist, und zweitens müßte man erst abwarten, welches System zu den vom staatlichen Arbeitsnachweis zu vollziehenden Aufgaben am besten paßt. Auf alle Fälle aber muß beim Kartensystem, wenn der Arbeitsuchende die Karte selbst ausfüllt, genau darauf geachtet werden, daß die Einträge richtig sind. Im allgemeinen wird man wohl behaupten können, daß die vom Beamten erfragten und aufgeschriebenen Angaben mehr Anspruch auf Wahrheit haben als die von den Arbeitsuchenden selbst geschriebenen Angaben; denn der Arbeitsuchende weiß doch oft nicht, um was es sich bei einer gegebenen Frage handelt. Auch ist ein Unterschied zu machen zwischen den Sammelstellen, den Filialen und den Bezirksanstalten. Wo nur ein kleiner Verkehr ist, wird man sehr wohl bei der Liste bleiben können.

Als eine weitere Notwendigkeit wird sich die **Siebung der Arbeitsuchenden** erweisen. Es verwirrt die Sachlage nur, wenn man Vollarbeiter und Halbarbeiter, wenn man Dauerarbeiter und Gelegenheitsarbeiter, wenn man tüchtige und untüchtige Arbeiter unterschiedlos untereinander mengt. Dann wundere man sich nicht, wenn die Arbeitgeber und die Arbeitnehmer das Vertrauen zur Arbeitsvermittlung verlieren. Ebenso vorsichtig muß man mit der Zuweisung von entlassenen Sträflingen, von Alkoholikern und sonstigen Psychopathen sein. Es mag die Empfehlung, die einem solchen Manne zur Seite steht, noch so gut und noch so vermögend sein, es ist immer zu bedenken, daß das Arbeitsamt allein die Verantwortung für eine solche Zuweisung trifft, wenn es nicht den Arbeitgeber auf die besondere Art des Arbeiters aufmerksam macht. Ein anderes Geschäftsgebaren würde geradezu das Ansehen der Arbeitsämter und das Vertrauen in sie untergraben. Wer sich selbst aus der Reihe der Tüchtigen streicht, der mag zusehen, daß er wieder in dieselbe kommt, oder sich mit einem minderen Posten begnügen; auch können besondere Einrichtungen für solche Menschen getroffen werden. Darum müssen die Ansprüche des Arbeitgebers und die Fähigkeiten und Wünsche des Arbeitnehmers aufs sorgfältigste geprüft werden, bevor die Zuweisung erfolgt.

Nicht die Zahl der Vermittlungen, sondern die **Güte der Vermittlungen** muß das Ziel sein. Es ist eine bedenkliche Zahl, wenn man einem Arbeitgeber innerhalb weniger Wochen vier bis fünf Arbeiter als vermittelt anrechnet,

---

[1] Im letzten Jahresbericht des städtischen Arbeitsamtes Stuttgart für die Jahre 1908/09/10, erschienen 1912, ist auf Seite 3 gesagt, daß für die Geschäftsabwicklung das Listensystem beibehalten wurde, da ein vom Arbeitsamt bei zwei Vermittlungsstellen während der Dauer eines halben Jahres vorgenommener Versuch mit dem Kartensystem keine Vereinfachung ergeben hatte.

während erst der vierte oder fünfte Arbeiter tauglich war. Gewiß kann es auch vorkommen, daß einmal der passende Arbeiter nicht gerade vorhanden ist, und daß Aushilfen an seine Stelle treten müssen. Aber dies dürfen nur Ausnahmen sein. Bei den Registrierungen müssen deshalb besonders die Arbeitsverhältnisse zu erfassen gesucht werden, die Dauer und die Gründe der Arbeitslosigkeit, das Verhalten des Arbeiters an früheren Stellen und ebenso das Verhalten des Arbeitgebers. Es hat wirklich keinen Wert, ja, es ist Zeit- und Kraftvergeudung, einem Arbeitgeber einen unpassenden Arbeiter zuzuweisen, weil dieser vielleicht schon längere Zeit arbeitslos ist und vorgibt, in allen Arbeiten bewandert zu sein; oder einen tüchtigen Arbeiter, der an gute Arbeitsbedingungen gewöhnt ist, an eine Werkstätte zu weisen, wo erfahrungsgemäß alle Arbeitsbedingungen schlecht sind. Wenn auf diese Weise eine Besserung der schlechten Unternehmer und der minderwertigen Arbeiter eintritt, so kann das im Interesse der Unternehmer, der Arbeiter und der ganzen Volkswirtschaft nur erwünscht sein. Praktisch werden diese Gesichtspunkte heute schon bei den Arbeitsnachweisen der Arbeitnehmer, der Arbeitgeber und auch bei den öffentlichen Arbeitsnachweisen vielfach beobachtet.

Daß die heute schon in manchen großen Städten vorhandenen Einrichtungen, wie **eigene Gebäude in zentraler Lage**, Trennung der Geschlechter, gesunde und luftige Warteräume, dem staatlichen Arbeitsamt ein Vorbild sein sollen zur Nachahmung und weiteren Ausgestaltung, braucht kaum mehr erörtert zu werden.

Ebenso sollen **Telephon und Telegraph** als moderne Verkehrsmittel dem modernen Arbeitsamte reichlich zur Verfügung stehen. Der Staat soll auch entgegenkommen, wenn sich die Notwendigkeit ergibt, vermögenslose Arbeiter von einem Orte zum anderen zu dirigieren mit der Eisenbahn; denn wenn es ihm ernst ist mit der Arbeitsvermittlung und mit der Beschaffung von Arbeit und Arbeitern, wenn ihm die Fertigstellung der nationalen Arbeit lieber ist als die Unterstützung der feiernden Arbeiter, als der Niedergang der Unternehmungen, dann wird er hierin kein Opfer scheuen.

Was endlich die **Kosten** anlangt, so ist es klar, daß sich diese im voraus nicht genau berechnen lassen. Zu bedenken ist aber, daß dem Staate die vorhandenen öffentlichen Einrichtungen der Gemeinden und wohl auch mancher Vereine kostenlos zufallen würden, und daß die Durchführung der Organisation erst allmählich den Bedürfnissen angepaßt würde. Es würden somit die sachlichen Kosten einerseits ganz bedeutend eingeschränkt, anderseits aber auf eine längere Zeit verteilt werden können. Die persönlichen Kosten, die ja allerdings verhältnismäßig hohe wären, da eine gute Besoldung aller Beamten allein schon im Interesse der Stabilität notwendig wäre, kämen ebenfalls erst allmählich zur vollen Wirkung. Wenn dann noch die Einnahmen in Rechnung gezogen werden, die sich aus den Beiträgen der Gemeinden ergeben, die ja in jedem Finanzjahr neu bestimmt werden können, und die Einnahmen aus den Gebühren, die allerdings so hoch nicht sein werden, und wenn vom besonderen Interesse der Großstädte ein besonderes Entgegenkommen erwartet werden darf[1], so wird sich die Ausgabenseite ganz wesentlich verkleinern. Und wenn das Reich und die Bundesstaaten sich in den Rest teilen, so wird für sie eine verhältnismäßig kleine Ausgabe erwachsen. Das Reich und die Bundesstaaten werden zusammen (ohne die Gemeinden) nach **voller Durchführung** der Organisation kaum mehr als 3—4 Millionen Mark aufwenden müssen. Demnach träfen auf den Kopf der Bevölkerung zirka 5 Pfennige, das wären z. B. für Bayern ca. 350 000 Mark. Gewiß eine Leistung, die ein Staat mit fast 7 Millionen Einwohnern aufbringen kann[2] (vgl. Tabelle XV und XVI).

Nach Artikel 4 der Reichsverfassung steht dem Reiche die Regelung der gewerblichen Angelegenheiten zu[3], damit fällt ihm auch die gesetzliche Regelung der Arbeitsvermittlung bezüglich der **gewerblichen** Arbeiter zu. Doch wird das Reich in Übereinkommen mit den Bundesstaaten wohl auch bezüglich der landwirtschaftlichen Arbeitsvermittlung eine Regelung herbeiführen und so die **gesamte** Arbeitsvermittlung einer einheitlichen Organisation unterwerfen können. Die Ausführung des Gesetzes würde den Bundesstaaten überlassen. Für den Fall aber, daß sich manche Bundesstaaten noch nicht so entwickelt glaubten, daß eine staatliche Regelung der Arbeitsvermittlung tunlich sei, so könnte ja auch in einem Rahmengesetz die ganze Angelegenheit zum vorläufigen Abschluß gebracht werden. Wenn die allgemeinen Grundsätze durch das Reich gesetzlich bestimmt wären, dann könnten die Einzelstaaten an die Ausführung herantreten und unter sich eine stärkere Verbindung herstellen.

Fassen wir am Schlusse all das, was heute an staatlicher

---

[1] Viele Großstädte machen ja heute schon ganz enorme Aufwendungen für die Zwecke des Arbeitsnachweises. München gibt mehr als 50 000 M. aus, Wien fast 150 000 M.

[2] Man vergleiche auch die Kosten des staatlichen Arbeitsnachweises in England, die bei voller Durchführung auf etwas mehr als 4 Millionen M. berechnet sind. Dort tragen aber die Gemeinden zu den Kosten nichts bei.

[3] Vgl. Rauchalles, Heinrich, Die deutsche Reichsverfassung, Ansbach 1907.

Förderung und staatlicher Organisation des Arbeitsnachweises vorhanden ist, nochmals kurz zusammen, so ergibt sich folgendes:

Fast in allen Kulturstaaten wird der Frage des Arbeitsnachweises seit längerer oder kürzerer Zeit vonseiten des Staates eine besondere Aufmerksamkeit geschenkt. Freilich bewegt sich die Förderung der modernen Arbeitsvermittlung vielfach in Anregungen, Ratschlägen und Aufmunterungen. Daneben gewährt der Staat aber auch den Strebungen der Ausdehnung der öffentlichen Arbeitsnachweise seine autoritäre Hilfe und finanzielle Unterstützung. Diese Unterstützungen sind aber meist so bemessen, daß sie für den öffentlichen Arbeitsnachweis, der zu seiner vollständigen Wirksamkeit neben dem guten Willen und der Tüchtigkeit der Beteiligten vielen Geldes bedarf, bei weitem nicht ausreichend sind. Einige Staaten haben aber in verständiger Erkenntnis der Wichtigkeit des Problems der Arbeitsvermittlung, die sich heute mit vollem Gewichte als eine öffentliche Angelegenheit präsentiert, einen weiteren Schritt gemacht und der derzeitigen öffentlichen Arbeitsvermittlung einen besonderen gesetzlichen Schutz und weitergehende finanzielle Unterstützung gewährt. Die Schweiz hat im Jahre 1909 ein eigenes Bundesgesetz, betreffend die staatliche Unterstützung der öffentlichen Arbeitsnachweise, erlassen. Das kleine Schweden zahlte im Jahre 1910 zirka 45 000 M. staatliche Unterstützung an die öffentlichen Arbeitsnachweise. Ja, einige Staaten, so namentlich England, haben einen staatlichen Arbeitsnachweis eingeführt. Österreich hat in einem Rahmengesetz seinen Kronländern Böhmen und Galizien die Möglichkeit gegeben, die Arbeitsvermittlung staatlich zu organisieren. Beide Länder haben davon auch bereits Gebrauch gemacht.

Deutschland hat der öffentlichen Arbeitsvermittlung durch das Stellenvermittlergesetz von 1910 ein Vorrecht eingeräumt. Freilich kommt in Deutschland als öffentliche Arbeitsvermittlung fast nur der städtische Arbeitsnachweis in Betracht. Doch sind Übergänge zum staatlichen Arbeitsnachweis darin gegeben, daß in der neueren Zeit auch Kreis-Arbeitsnachweise geschaffen worden sind, so in Hessen, Schlesien und Sachsen.

Wenn irgendwo der staatliche Arbeitsnachweis am Platze ist, so ist es in Deutschland, wo der Gedanke der öffentlichen Arbeitsvermittlung mit siegreicher Kraft sich zuerst Bahn gebrochen hat, wo die Wege für den staatlichen Arbeitsnachweis durch die vorhandenen Einrichtungen geebnet sind, wo die Entwicklung gezeigt hat, daß der städtische Arbeitsnachweis allein den Forderungen der modernen Arbeitsvermittlung nicht mehr gerecht werden kann und daß die Zersplitterung der Arbeitsvermittlung nicht nur keinen Überblick über Angebot und Nachfrage gewährt, sondern auch nicht genügend auszugleichen vermag.

Die Organisation des Arbeitsnachweises ist ferner untrennbar verbunden mit jeder Sorge für die Arbeitslosen; diese kann aber organisch und ausreichend nur vom Staate durchgeführt werden. Das Land der Sozialversicherung darf wohl nicht länger mehr zögern, eine der schwersten Gefahren des Arbeiterlebens, die Arbeitslosigkeit, die als eine Erscheinung des wirtschaftlichen Lebens der ganzen Nation vom Willen ihres Trägers unabhängig ist, in den Kreis seiner Fürsorge einzubeziehen. Diese Fürsorge darf aber nicht mechanisch erfolgen, sie muß auch die Wechselbeziehungen der Arbeitslosigkeit und der Masse der Arbeitslosen zur ganzen Volkswirtschaft berücksichtigen; sie muß vor allem darin bestehen, daß die nationalen Arbeiter nicht über Gebühr von der Produktion abgedrängt werden, daß Unternehmer und Arbeitnehmer sich zusammenfinden. Erst dann wird die noch überbleibende Arbeitslosigkeit durch eine nationale Arbeitslosenversicherung ihre Deckung finden können. Die Voraussetzung und die Grundlage dieser Arbeitslosenversicherung bildet also der Arbeitsnachweis; seine Aufgabe aber kann er erst dann erfüllen, wenn er einheitlich organisiert ist, wenn er alle Erwerbszweige und alle Teile des Landes umfaßt und wenn er, prinzipiell wenigstens, ausschließlich vermittelt. Erkenntnis des Problems der Arbeitslosigkeit und der mit ihm zusammenhängenden Fragen, Minderung der Arbeitslosigkeit, Vermehrung der Produktion und Sicherung der Arbeitslosenversicherung, wird der zukünftige Arbeitsnachweis bringen müssen. Fürwahr, Eigenschaften und Aufgaben genug, daß der Staat selbst sich der Arbeitsvermittlung annimmt.

Tabellenwerk.

Tabelle I—V aus den Reichsarbeitslosenzählungen 1895,
" VI aus der Arbeitslosenstatistik der Arbeiterorganisationen,
" VII—VIII aus den Arbeitslosenzählungen der deutschen Städte,
" IX—XIV aus der Arbeitsnachweisstatistik,
" XV—XVI Berechnung der Kosten des staatlichen Arbeitsnachweises.

Tabelle I. **Berufsarten mit größerer Arbeitslosigkeit im Sommer;** verglichen mit der Zahl der Kranken.

Berufsart	Arbeitnehmer am 14. Juni 1895	Absolute Zahl der Beschäftigungslosen				Relative Zahl der Beschäftigungslosen			
		Sommer		Winter		Sommer		Winter	
		Kr.	A.-L.	Kr.	A.-L.	Kr.	A.-L.	Kr.	A.-L.
B 1 Erzgewinnung	73 915	563	394	797	302	0,76	0,53	1,08	0,41
2 Hüttenbetrieb	148 633	1559	799	1732	703	1,05	0,54	1,17	0,47
18 Spiegelglas	6 208	50	60	46	29	0,80	0,97	0,74	0,47
19 Spielwaren aus Porzellan, Glas	1 438	2	10	2	4	0,14	0,69	0,14	0,28
20 Gold- und Silberschmiede, Juweliere	22 157	255	431	220	298	1,15	1,95	0,99	1,35
21 Sonstige Verarbeitung edler Metalle	12 188	126	164	192	116	1,03	1,35	1,58	0,95
22 Kupferschmiede	10 073	131	341	169	317	1,30	3,39	1,68	3,14
25 Spielwaren aus Metall	1 350	24	11	5	7	1,78	0,81	0,37	0,52
28 Gürtler, Bronzeure	10 490	144	284	151	180	1,37	2,71	1,44	1,72
29 Sonstige Metallegierungen	15 599	187	350	114	123	1,20	2,24	0,73	0,79
33 Blechwaren	14 900	151	162	177	127	1,01	1,09	1,19	0,85
52 Uhrmacher	18 572	231	419	197	387	1,24	2,26	1,06	2,08
54 Sonstige musikalische Instrumente	10 724	61	147	70	95	0,57	1,37	0,65	0,89
55 Physikal.-chirurgische Apparate	21 909	257	601	275	471	1,17	2,75	1,25	2,15
56 Lampen	4 779	57	111	97	104	1,20	2,32	2,03	2,18
61 Explosivstoffe	19 010	165	181	192	168	0,87	0,95	1,01	0,88
66 Lichte, Seife	9 435	94	143	137	133	1,00	1,51	1,45	1,41
67 Ölmühlen	5 502	73	92	75	59	1,33	1,67	1,37	1,07
75 Häkelei, Stickerei	31 224	192	553	299	349	0,62	1,77	0,96	1,12
77 Bleicherei, Druckerei	45 024	443	294	341	230	0,99	0,65	0,76	0,51
78 Posamenten	30 113	262	474	312	442	0,87	1,57	1,03	1,47
83 Buchbinderei, Kartonnagen	49 569	747	1233	735	1002	1,50	2,49	1,48	2,02
84 Lohmühlen	525	10	8	4	3	1,91	1,52	0,76	0,57
89 Spielwaren aus Kautschuk	280	5	6	3	1	1,79	2,14	1,07	0,36
98 Sonstige Flechterei v. Holz usw.	7 939	112	297	99	142	1,41	3,74	1,25	1,79
99 Drechslerei	21 773	299	471	322	439	1,38	2,16	1,48	2,02
108 Konditorei	22 090	291	863	339	647	1,32	3,90	1,53	2,93
114 Mälzerei	3 315	35	75	34	32	1,06	2,26	1,03	0,96
116 Branntweinbrennerei	17 170	162	331	144	246	0,94	1,93	0,84	1,43
128 Kürschnerei	8 696	126	326	154	300	1,45	3,75	1,77	3,45
130 Kravatten und Hosenträger	3 733	43	97	50	58	1,15	2,60	1,34	1,55
149 Ofensetzer	12 341	200	857	183	595	1,62	6.94	1,48	4,82
152 Buchdruckerei	69 835	1089	1922	1201	1805	1,56	2,75	1,72	2,58
154 Kupfer- und Stahldruckerei	1 360	19	43	23	23	1,40	3,16	1,69	1,69
158 Graveure, Modelleure	10 159	116	254	108	198	1,14	2,50	1,06	1,95
C 7 Handelsvermittlung	4 775	29	110	36	59	0,61	2,30	0,75	1,24
9 Versteigerung, Stellenvermittlung	3 935	29	79	40	66	0,73	2,01	1,01	1,68
16 Reederei	2 379	19	47	9	37	0,80	1,97	0,38	1,55
E 4 Erziehung u. Unterricht	232 848	306	869	276	663	0,13	0,37	0,11	0,29

Anmerkung: Die Tabellen I—V sind zusammengesetzt aus den Tabellen des Bd. 111 der „Statistik des Deutschen Reiches" S. 249 und der „Vierteljahrshefte zur Statistik des Deutschen Reiches" 1896, Ergänzung zum vierten Heft, S. 6 ff.

Tabelle II. **Berufsarten mit annähernd gleicher Arbeitslosigkeit im Sommer und Winter,** verglichen mit der Zahl der Kranken.

Berufsart	Arbeitnehmer am 14. Juni 1895	Absolute Zahl der Beschäftigungslosen				Relative Zahl der Beschäftigungslosen			
		Sommer		Winter		Sommer		Winter	
		Kr.	A.-L.	Kr.	A.-L.	Kr.	A.-L.	Kr.	A.-L.
B 3 Salzgewinnung	10 055	69	42	91	60	0,68	0,42	0,90	0,60
15 Fayence und Porzellan	43 349	461	455	441	447	1,06	1,05	1,02	1,03
16 Glashütten	34 445	254	283	322	287	0,74	0,82	0,93	0,84
17 Glasveredlung	10 138	92	103	100	111	0,91	1,01	0,99	1,09
23 Rot- und Gelbgießer .	6 495	62	135	108	138	0,95	2,08	1,66	2,13
35 Eisendrahtzieher . . .	5 045	62	26	66	32	1,23	0,51	1,31	0,63
36 Stifte, Schrauben, Ketten	12 561	108	77	100	86	0,86	0,61	0,80	0,68
42 Eiserne Kurzwaren . .	11 408	111	70	138	81	0,97	0,62	1,21	0,71
48 Wagenbauanstalten . .	9 146	92	93	96	98	1,00	1,02	1,05	1,07
53 Pianoforte, Orgelbau .	5 898	63	66	51	67	1,07	1,12	0,86	1,14
58 Chemische, photograph. Präparate.	34 095	341	341	401	364	1,00	1,00	1,17	1,07
60 Farbenmaterialien. . .	18 656	191	138	220	141	1,02	0,74	1,18	0,76
69 Zubereitung von Spinnstoffen	16 121	179	130	184	139	1,11	0,81	1,14	0,86
74 Strickerei und Wirkerei	69 832	546	557	592	552	0,78	0,80	0,85	0,79
87 Wachstuch, Ledertuch, Treibriemen	2 307	23	26	18	28	1,00	1,12	0,78	1,21
91 Spielwaren aus Leder .	963	9	18	22	18	0,93	1,87	2,28	1,87
101 Sonstige Dreh- und Schnitzwaren	14 893	162	285	185	271	1,09	1,91	1,24	1,82
102 Kammacher.	1 538	16	26	23	25	1,04	1,69	1,49	1,63
104 Stöcke, Schirme. . . .	5 685	57	89	85	90	1,00	1,57	1,50	1,58
131 Korsetts	8 028	67	33	54	40	0,84	0,41	0,67	0,50
142 Glaser	11 285	143	323	172	313	1,27	2,86	1,53	2,77
153 Stein- und Zinkdruckerei	22 049	307	520	354	509	1,39	2,36	1,60	2,31
155 Farbendruckerei. . . .	1 698	22	30	23	32	1,29	1,77	1,35	1,89
C 2 Geld- und Kredithandel	27 720	110	228	96	200	0,40	0,82	0,35	0,72
3 Spedition und Kommission	16 671	195	255	194	270	1,17	1,53	1,16	1,62
4 Buch- und Musikalienhandlung	13 965	152	329	170	317	1,09	2,35	1,22	2,27
5 Zeitungsverlag u. Spedition	6 245	34	75	64	66	0,55	1,20	1,02	1,06
10 Versicherungsgewerbe.	18 216	71	203	88	227	0,39	1,11	0,48	1,25
12 Eisenbahnbetrieb . . .	257 179	621	321	733	473	0,24	0,13	0,29	0,18
13 Posthalterei.	27 306	324	412	437	390	1,19	1,51	1,60	1,43
E 3 Kirchen, Anstalten . .	8 061	14	24	5	15	0,17	0,30	0,06	0,19
6 Privatgelehrte, Journalisten.	5 507	11	26	7	20	0,20	0,47	0,13	0,36

Vgl. Anmerkung zu Tabelle 1.

Tabelle III. **Berufsarten, die erfahrungsgemäß mit Arbeitslosigkeit das ganze Jahr hindurch stark belastet sind** (über 2%).

Berufsart	Arbeitnehmer a.14.Juni 1895	Absolute Zahl Sommer Kr.	A.-L.	Winter Kr.	A.-L.	Relative Zahl Sommer Kr.	A.-L.	Winter Kr.	A.-L.
B 22 Kupferschmiede . . .	10073	131	341	169	317	1,30	3,39	1,68	3,14
23 Rot- und Gelbgießer .	6495	62	135	108	138	0,95	2,08	1,66	2,13
38 Schlosserei	271853	3469	6267	4709	7830	1,28	2,30	1,73	2,88
46 Mühlenbauer	2842	56	83	57	132	1,97	2,92	2,01	4,64
50 Büchsenmacher	3198	32	88	44	162	1,00	2,75	1,38	5,06
52 Uhrmacher	18572	231	419	197	387	1,24	2,26	1,06	2,08
55 Physikal. Apparate . .	21909	257	601	275	471	1,17	2,75	1,25	2,15
80 Netze, Segel, Säcke . .	2007	13	50	22	78	0,65	2,49	1,09	3,89
83 Buchbind., Kartonnag.	49569	747	1233	735	1002	1,50	2,49	1,48	2,02
86 Gefärbt. u. lack. Leder	4363	37	88	80	101	0,85	2,02	1,83	2,32
90 Riemerei und Sattlerei	43915	482	1004	649	1803	1,10	2,28	1,48	4,10
92 Tapezierarbeiten . . .	21369	337	1132	619	2331	1,57	5,30	2,90	10,91
99 Drechslerei	21773	299	471	322	439	1,38	2,16	1,48	2,02
105 Spiegel, Bilderrahm. usw.	16562	261	438	357	746	1,58	2,64	2,16	4,50
107 Bäckerei	140893	1633	4498	2185	6007	1,16	3,19	1,55	4,26
108 Konditorei	22090	291	863	339	647	1,32	3,90	1,53	2,93
111 Fleischerei	107394	1271	3864	1702	4741	1,18	3,60	1,59	4,41
115 Brauerei	76905	1028	1573	1398	2323	1,34	2,04	1,82	3,02
117 Schaum- und Obstwein	5061	64	103	55	137	1,26	2,04	1,08	2,71
120 Näherinnen	129314	1563	3425	3704	6183	1,21	2,65	2,87	4,78
121 Schneider und Schneiderinnen	233752	2163	4710	3419	8091	0,93	2,01	1,46	3,46
122 Kleider- u.Wäschekonfekt.	49914	665	1835	1296	2609	1,33	3,68	2,59	5,23
123 Putzmacherei	19458	295	895	421	1247	1,52	4,60	2,16	6,41
126 Hutmacherei	16892	195	366	255	441	1,15	2,17	1,51	2,61
127 Mützenmacherei . . .	1489	15	34	25	53	1,01	2,28	1,68	3,56
128 Kürschnerei	8696	126	326	154	300	1,45	3,75	1,77	3,45
133 Barbiere	22185	213	509	320	854	0,96	2,29	1,44	3,85
134 Friseure, Perrückenmacher	8930	101	219	147	361	1,13	2,45	1,65	4,04
136 Wäscherei,Plätterinnen	54760	717	1246	1743	3183	1,31	2,27	3,19	5,81
142 Glaser	11285	143	323	172	313	1,27	2,86	1,53	2,77
143 Stubenmaler	96013	1145	2283	3684	16620	1,19	2,38	3,84	17,31
147 Brunnenmacher	2598	32	61	72	172	1,23	2,35	2,77	6,62
148 Gas- u. Wasseranlagen	7357	117	275	231	431	1,59	3,74	3,14	5,86
149 Ofensetzer	12341	200	857	183	595	1,62	6,94	1,48	4,82
150 Schornsteinfeger . . .	5552	87	200	85	232	1,57	3,60	1,53	4,18
152 Buchdruckerei	69835	1089	1922	1201	1805	1,56	2,75	1,72	2,58
153 Stein- u. Zinkdruckerei	22049	307	520	354	509	1,39	2,36	1,60	2,31
156 Photographie	7436	101	278	128	386	1,36	3,74	1,72	5,19
157 Maler- und Bildhauer .	2625	37	105	131	355	1,41	4,00	4,99	13,52
161 Fabrikarbeiter, Gesell., Gehilf.ohne näh.Bezeichn.	28542	688	727	4986	5191	2,41	2,55	17,47	18,19
C 1 Waren- u. Prod.-Hdl.	520646	4914	12806	6577	14866	0,94	2,46	1,26	2,86
4 Buch-, Kunst- u. Musikalienhandel	13965	152	329	170	317	1,09	2,35	1,22	2,27
8 Hilfsgewerbe d.Handels	30015	713	1973	805	2378	2,38	6,57	2,68	7,92
17 See- u. Küstenschiffahrt	14412	463	1528	754	3964	3,21	10,60	5,23	27,51
18 Binnenschiffahrt . . .	35907	409	779	773	4229	1,14	2,17	2,15	11,78
D 2 Lohnarbeit wechselnder Art	200919	5926	11797	16056	41849	2,95	5,87	7,99	20,83
E 7 Privatsekret., Schreiber	15840	249	726	404	1094	1,57	4,59	2,55	6,91
8 Musik, Theater, Schaustellungen	65565	425	1677	569	2141	0,65	2,56	0,87	3,26

Vgl. Anmerkung zu Tabelle I.

Merkle, Arbeitslosigkeit.

Tabelle IV. **Berufsarten, die das ganze Jahr hindurch unter 1 % Arbeitslose haben.**

Berufsart	Arbeitnehmer am 14. Juni 1895	Absolute Zahl				Relative Zahl			
		Sommer		Winter		Sommer		Winter	
		Kr.	A.-L.	Kr.	A.-L.	Kr.	A.-L.	Kr.	A.-L.
B 1 Erzgewinnung	73 915	563	394	797	302	0,76	0,53	1,08	0,41
2 Hüttenbetrieb	148 633	1559	799	1732	703	1,05	0,54	1,17	0,47
3 Salzgewinnung	10 055	69	42	91	60	0,68	0,42	0,90	0,60
4 Stein- u. Braunkohlen, Koaks	325 391	3470	1353	5404	2077	1,07	0,41	1,66	0,64
11 Lehm- und Tongräberei	3 767	32	9	46	31	0,85	0,24	1,22	0,82
16 Glashütten	34 445	254	283	322	287	0,74	0,82	0,93	0,84
18 Spiegelglas	6 208	50	60	46	29	0,80	0,97	0,74	0,47
19 Spielwaren aus Porzellan, Glas usw. ...	1 438	2	10	2	4	0,14	0,69	0,14	0,28
25 Spielwaren aus Metall	1 350	24	11	5	7	1,78	0,81	0,37	0,52
31 Schwarz- und Weißblech	3 071	31	14	35	25	1,01	0,46	1,14	0,81
35 Eisendrahtzieher ...	5 045	62	26	66	32	1,23	0,51	1,31	0,63
36 Stifte, Schrauben, Ketten	12 561	108	77	100	86	0,86	0,61	0,80	0,68
39 Zeug-, Sensen-, Messerschmiede	20 227	132	122	192	158	0,65	0,61	0,95	0,78
42 Eiserne Kurzwaren . .	11 408	111	70	138	81	0,97	0,62	1,21	0,71
60 Farbematerialien ...	18 656	191	138	220	141	1,02	0,74	1,18	0,76
61 Explosivstoffe u. Spinnwaren	19 010	165	181	192	168	0,87	0,95	1,01	0,88
65 Gasanstalten	13 980	150	108	232	137	1,08	0,77	1,66	0,98
69 Zubereitung von Spinnstoffen	16 121	179	130	184	139	1,11	0,81	1,14	0,86
70 Spinnerei, Spulerei . .	167 523	1762	947	2234	1270	1,05	0,57	1,33	0,76
72 Weberei	406 648	3291	2310	3695	2920	0,81	0,57	0,91	0,72
73 Gummi- und Haarflechterei	2 415	13	14	11	18	0,54	0,58	0,46	0,74
74 Strickerei und Wirkerei	69 832	546	557	592	552	0,78	0,80	0,85	0,79
77 Bleicherei, Druckerei, Appretur	45 024	443	294	341	230	0,99	0,65	0,76	0,51
118 Essig	1 447	8	9	11	14	0,55	0,62	0,76	0,97
119 Tabak	135 319	1218	1094	1553	1272	0,90	0,81	1,15	0,94
131 Korsetts	8 028	67	33	54	40	0,84	0,41	0,67	0,50
C 2 Geld- und Kredithandel	27 720	110	228	96	200	0,40	0,82	0,35	0,72
11 Post und Telegraphenbetrieb	122 251	137	134	132	228	0,11	0,11	0,11	0,18
12 Eisenbahnbetrieb ...	257 179	621	321	733	473	0,24	0,13	0,29	0,18
E 2 Staats- und Gemeindedienst	252 915	516	975	604	1327	0,20	0,39	0,24	0,52
3 Kirchen, Anstalten für religiöse Zwecke ...	8 061	14	24	5	15	0,17	0,30	0,06	0,19
4 Erziehung und Unterricht	232 848	306	869	276	663	0,13	0,37	0,11	0,29
6 Privatgelehrte	5 507	11	26	7	20	0,20	0,47	0,13	0,36

Vgl. Anmerkung zu Tabelle I.

— 115 —

Tabelle V. Beschäftigungslose der Berufsabteilungen A—D, in 28 Großstädten geordnet nach dem Unterschied zwischen Sommer- und Winterzählung.

a. wegen Krankheit.

Stadt	Einwohnerzahl am 14. Juni 1895	Am 14. Juni 95 krank		Am 2. Dez. 95 krank		Differenz gegen Sommer	
		absol.	in % der A.N.	absol.	in % der A.N.	absol.	in % der A.N.
Stuttgart	153616	775	1,40	526	0,95	— 249	—0,45
Dresden	324350	1992	1,76	1953	1,73	— 39	—0,03
Krefeld	105939	504	1,54	546	1,67	+ 42	+0,13
Aachen	108639	573	1,66	624	1,81	+ 51	+0,15
Barmen	124753	617	1,50	700	1,70	+ 83	+0,20
Straßburg	132038	422	1,09	532	1,38	+ 110	+0,29
Bremen	137228	580	1,30	722	1,62	+ 142	+0,32
Leipzig	386410	2184	1,71	2588	2,03	+ 404	+0,32
Hamburg	606788	2890	1,48	3572	1,83	+ 682	+0,35
Danzig	122223	893	2,58	1043	3,02	+ 150	+0,44
Chemnitz	157623	627	1,12	904	1,62	+ 377	+0,50
Elberfeld	135730	660	1,49	909	2,05	+ 249	+0,56
München	391307	2146	1,50	3109	2,17	+ 963	+0,67
Dortmund	106671	557	1,62	787	2,29	+ 230	+0,67
Nürnberg	155014	593	1,05	1002	1,78	+ 509	+0,73
Frankfurt	223276	1079	1,33	1719	2,11	+ 640	+0,78
Breslau	362041	2505	2,08	3504	2,90	+ 999	+0,82
Stettin	134480	830	2,00	1238	2,98	+ 408	+0,98
Charlottenburg	119366	434	1,20	824	2,28	+ 390	+1,08
Magdeburg	208692	674	1,09	1351	2,20	+ 677	+1,11
Köln	309248	1340	1,36	2495	2,53	+1155	+1,17
Düsseldorf	169935	559	1,08	1171	2,27	+ 612	+1,19
Hannover	201861	614	1,98	1437	2,28	+ 823	+1,30
Halle a. S.	113454	627	1,99	1069	3,39	+ 442	+1,40
Braunschweig	112714	564	1,66	1053	3,09	+ 489	+1,43
Altona	145714	814	1,81	1472	3,28	+ 658	+1,47
Berlin	1615517	9814	1,73	20098	3,55	+10284	+1,82
Königsberg	165903	997	1,96	1973	3,88	+ 976	+1,92

b. wegen Arbeitslosigkeit.

Stadt	Einwohnerzahl am 14. Juni 1895	Am 14. Juni 95 arbeitslos		Am 2. Dez. 95 arbeitslos		Differenz gegen Sommer	
		absol.	in % der A.N.	absol.	in % der A.N.	absol.	in % der A.N.
Leipzig	386410	5150	4,05	4518	3,55	— 632	—0,50
Chemnitz	157623	1361	2,43	1303	2,33	— 58	—0,10
Barmen	124753	607	1,48	764	1,86	+ 157	+0,38
Dortmund	106671	563	1,63	718	2,08	+ 155	+0,45
Dresden	324350	3082	2,72	3595	3,17	+ 513	+0,45
Elberfeld	135730	795	1,79	1097	2,47	+ 302	+0,68
Nürnberg	155014	649	1,15	1038	1,84	+ 389	+0,69
Hamburg	606788	12208	6,24	13572	6,94	+1364	+0,70
Krefeld	105939	336	1,03	770	2,36	+ 434	+1,33
Frankfurt	223276	1751	2,15	2865	3,52	+1114	+1,37
Straßburg	132038	243	0,63	825	2,13	+ 582	+1,50
Bremen	137228	807	1,82	1492	3,35	+ 685	+1,53
Stuttgart	153616	456	0,83	1326	2,41	+ 870	+1,58
München	391307	2228	1,56	4573	3,20	+2345	+1,64
Berlin	1615517	26610	4,70	36045	6,36	+9435	+1,66
Köln	309248	1478	1,50	3291	3,34	+1713	+1,84
Düsseldorf	169935	815	1,58	1774	3,43	+ 959	+1,85
Breslau	362041	4141	3,43	6699	5,56	+2558	+2,13
Hannover	201861	1729	2,74	3076	4,88	+1347	+2,14
Halle	113454	1012	3,21	1762	5,59	+ 750	+2,38
Aachen	108639	425	1,23	1314	3,81	+ 889	+2,58
Charlottenburg	119366	939	2,61	2061	5,72	+1122	+3,11
Braunschweig	112714	607	1,78	1693	4,97	+1086	+3,19
Altona	145714	2598	5,79	4273	9,51	+1675	+3,52
Magdeburg	208692	1577	2,56	3765	6,11	+2188	+3,55
Königsberg	165903	1870	3,68	3852	7,57	+1982	+3,89
Stettin	134480	1177	2,83	2986	7,19	+1809	+4,36
Danzig	122223	1132	3,27	3147	9,09	+2015	+5,82

Tabelle VIa. **Arbeitslosigkeit der englischen Gewerkvereine (Trade-Unions)** [1].

Jahr	Jan.	Febr.	März	April	Mai	Juni	Juli	Aug.	Sept.	Okt.	Nov.	Dez.	Jahresdurchschn.
					Alle berichtenden Gewerkvereine								
1888	7,8	7,0	5,7	5,2	4,8	4,6	3,9	4,8	4,4	4,4	3,1	3,3	4,9
1889	3,1	2,8	2,2	2,0	2,0	1,8	1,7	2,5	2,1	1,8	1,5	1,7	2,1
1890	1,4	1,4	1,7	2,0	2,0	1,9	2,3	2,3	2,6	2,6	2,4	3,0	2,1
1891	3,4	2,6	2,8	2,7	3,0	2,9	3,3	4,2	4,5	4,4	3,8	4,4	3,5
1892	5,0	5,7	5,7	5,4	5,9	5,2	5,0	5,1	6,2	7,3	8,3	10,2	6,3
1893	10,0	9,5	8,7	6,9	6,2	5,8	6,2	7,1	7,3	7,3	7,2	7,9	7,5
1894	7,0	6,3	6,5	6,1	6,3	6,3	7,4	7,7	7,6	7,4	7,0	7,7	6,9
1895	8,2	7,9	6,5	6,5	6,0	5,6	5,3	5,2	4,9	4,9	4,3	4,8	5,8
1896	4,5	3,8	3,5	3,2	3,3	3,2	3,1	3,4	3,6	3,3	2,9	3,2	3,4
1897	3,3	3,0	2,5	2,5	2,3	2,7	2,7	3,5	4,4	4,7	4,8	5,3	3,5
1898	5,0	4,4	3,1	2,9	2,7	2,6	2,6	2,8	2,6	2,5	2,3	2,9	3,0
1899	3,0	2,6	2,5	2,2	2,5	2,3	2,3	2,3	2,4	2,3	2,2	2,5	2,4
1900	2,7	2,9	2,3	2,5	2,4	2,6	2,7	3,0	3,6	3,3	3,2	4,0	2,9
1901	4,0	3,9	3,6	3,8	3,6	3,5	3,4	3,9	3,7	3,7	3,8	4,6	3,8
1902	4,4	4,3	3,7	3,9	4,0	4,2	4,0	4,5	5,0	5,0	4,8	5,5	4,4
1903	5,1	4,8	4,3	4,1	4,0	4,5	4,9	5,5	5,8	5,8	6,0	6,7	5,1
1904	6,6	6,1	6,0	6,0	6,3	5,9	6,1	6,4	6,8	6,8	7,0	7,6	6,5
1905	6,3	5,7	5,2	5,2	4,7	4,8	4,7	4,9	4,8	4,6	4,3	4,5	5,0
1906	4,3	4,1	3,4	3,2	3,1	3,2	3,1	3,3	3,3	3,9	4,0	4,4	3,6
1907	3,9	3,5	3,2	2,8	3,0	3,1	3,2	3,6	4,1	4,2	4,5	5,6	3,7
1908	5,8	6,0	6,4	7,1	7,4	7,9	7,9	8,5	9,3	9,5	8,7	9,1	7,8
1909	8,7	8,4	8,2	8,2	7,9	7,9	7,9	7,7	7,4	7,1	6,5	6,6	7,7
1910	6,8	5,7	5,2	4,4	4,2	3,7	3,8	4,0	4,3	4,4	4,6	5,0	4,7

Jahr	%	Jahr	%	Jahr	%	Jahr	%	Jahr	%
1851	3,9	1859	3,8	1867	7,4	1874	1,7	1881	3,5
1852	6,0	1860	1,9	1868	7,9	1875	2,4	1882	2,3
1853	1,7	1861	5,2	1869	6,7	1876	3,7	1883	2,6
1854	2,9	1862	8,4	1870	3,9	1877	4,7	1884	8,1
1855	5,4	1863	6,0	1871	1,6	1878	6,8	1885	9,3
1856	4,7	1864	2,7	1872	0,9	1879	11,4	1886	10,2
1857	6,0	1865	2,1	1873	1,2	1880	5,5	1887	7,6
1858	11,9	1866	3,3						

Tabelle VIb. **Arbeitslosigkeit in den deutschen Gewerkvereinen** [2].

Jahr	Jan.	Febr.	März	April	Mai	Juni	Juli	Aug.	Sept.	Okt.	Nov.	Dez.
1903	—	—	—	—	—	3,2	—	—	2,3	—	—	2,6
1904	—	—	2,0	—	—	2,1	—	—	1,8	—	—	2,4
1905	—	—	1,6	—	—	1,5	—	—	1,4	—	—	1,8
1906	—	—	1,1	—	—	1,2	0,8	0,7	1,0	1,1	1,1	1,6
1907	1,7	1,6	1,3	1,6	1,3	1,4	1,4	1,4	1,4	1,6	1,7	2,7
1908	2,9	2,7	2,5	2,8	2,8	2,9	2,7	2,7	2,7	2,9	3,2	4,4
1909	4,2	4,1	3,5	2,9	2,8	2,8	2,5	2,3	2,1	2,0	2,0	2,6
1910	2,6	2,2	1,7	1,8	2,0	2,0	1,9	1,7	1,8	1,6	1,6	2,1

[1] Diese Tabellen sind entnommen der amtlichen Denkschrift: „Die bestehenden Einrichtungen zur Versicherung gegen die Folgen der Arbeitslosigkeit im Ausland und im Deutschen Reich", S. 21; ab 1905 ergänzt aus „Fourteenth Abstract of Labour Statistics of the United Kingdom" 1908/09, London 1911. [2] Diese Tabelle ist dem Heft 1 des Reichsarbeitsblattes 1911, Seite 25 und 26 entnommen.

Tabelle VII. Arbeitslosenzählungen in Köln 1904—1911.

Zählungen		männlich	weiblich	zusammen	auf 1000 Einw.
1904 17. Jan.	W	2507	146	2653	6,6
1905 5. Febr.	W	2068	127	2195	5,2
30. Juli	S	703	85	788	1,9
1906 4. März	W	1059	118	1127	2,7
29. Juli	S	640	73	713	1,6
1907 17. Febr.	W	1854	104	1958	4,4
28. Juli	S	654	50	704	1,6
1908 19. Jan.	W	3621	163	3784	8,3
2. Aug.	S	1796	116	1912	4,1
1909 24. Jan.	W	3282	196	3478	7,4
1. Aug.	S	2181	127	2308	4,9
1910 23. Jan.	W	1738	104	1842	3,9
17. Juli	S	932	56	988	1,9
1911 22. Jan.	W	1637	80	1717	3,3

W = Winterzählung. S = Sommerzählung.

Tabelle VIII. Arbeitslosenzählungen in Nürnberg. Die sämtlichen Arbeitslosen nach Berufsgruppen[1].

Berufsgruppen	1. Dezbr. 1908 abs.	%	29. Juli 1909 abs.	%	11. Jan. 1910 abs.	%	27. Juli 1910 abs.	%	11. Jan. 1911 abs.	%
Landwirtschaft und Tierzucht, Gärtnerei	46	1,83	40	2,50	33	2,16	20	2,14	34	2,13
Bergbau und Hüttenwesen	7	0,27	10	0,62	8	0,52	8	0,86	9	0,57
Industrie der Steine und Erden	54	2,14	22	1,37	44	2,88	29	3,10	45	2,82
Metallverarbeitung	379	15,08	252	15,77	221	14,48	137	14,67	164	10,29
Maschinen- usw. Industrie	512	20,37	382	23,91	209	13,69	162	17,34	166	10,41
Chemische Industrie	47	1,87	27	1,68	32	2,09	31	3,32	18	1,13
Industrie der Leuchtstoffe usw.	4	0,16	2	0,12	3	0,19	2	0,21	3	0,19
Textilindustrie	8	0,31	11	0,68	5	0,32	5	0,54	8	0,50
Papierindustrie	36	1,43	13	0,81	11	0,72	12	1,28	19	1,19
Lederindustrie	51	2,02	30	1,87	24	1,57	10	1,07	15	0,94
Industrie d. Holz- u. Schnitzstoffe	201	8,00	171	10,70	117	7,66	101	10,81	119	7,47
Industrie der Nahrungs- und Genußmittel	83	3,30	54	3,38	110	7,20	45	4,82	91	5,71
Bekleidungs- und Reinigungsgewerbe	79	3,14	43	2,69	47	3,08	39	4,17	59	3,70
Baugewerbe	604	24,03	306	19,16	382	25,03	151	16,17	597	37,45
Polygraphische Gewerbe	63	2,50	69	4,32	55	3,62	52	5,56	40	2,51
Künstlerische Gewerbe	2	0,08	2	0,12	1	0,07	—	—	4	0,25
Handels- u. Versicher.-Gewerbe	161	6,41	96	6,01	120	7,85	70	7,51	115	7,22
Verkehrsgewerbe	45	1,79	26	1,62	31	2,03	11	1,18	19	1,19
Gast- und Schankwirtschaft	72	2,86	18	1,12	48	3,14	20	2,14	37	2,32
Häusliche Dienste u. Lohnarbeit wechselnder Art	36	1,43	11	0,68	7	0,46	19	2,03	13	0,82
Sonstige Berufsarten	23	0,91	12	0,74	18	1,18	10	1,07	19	1,19
Summa	2513	100,00	1597	100,00	1526	100,00	934	100,00	1594	100,00

[1] Zusammengestellt aus Heft 1 der Mitteil. des Statist. Amtes Nürnberg 1911.

Tabelle IX. **Tätigkeit des städtischen Arbeitsamtes München**[1].

Jahr	Stellengesuche			Stellenangebote			Stellenbesetzungen			auf 100 Gesuche
	männlich	weiblich	zusammen	männlich	weiblich	zusammen	männlich	weiblich	zusammen	
1895	6 712	2 949	9 661	1 352	1 287	2 639	1 127	838	1 965	20,3
1896	32 355	14 653	47 008	16 725	13 332	30 057	15 653	9 933	25 586	55,2
1897	25 540	15 462	41 002	20 572	13 880	34 452	18 186	10 669	28 855	70,2
1898	36 151	18 843	54 994	23 392	15 598	38 991	20 439	11 897	32 336	58,8
1899	30 505	19 967	50 472	28 145	21 235	49 380	25 179	14 308	39 487	77,7
1900	30 788	23 569	54 357	28 919	25 479	54 398	26 356	18 142	44 498	81,9
1901	42 912	30 395	73 307	27 203	29 353	56 556	24 358	20 815	45 173	61,5
1902	39 634	28 807	68 441	25 094	27 525	52 619	21 171	19 342	40 513	59,2
1903	35 599	29 849	65 448	26 253	30 357	56 610	22 109	20 063	42 172	64,4
1904	34 558	31 200	65 758	30 179	33 909	64 088	25 680	21 142	46 822	71,2
1905	33 421	32 086	65 507	31 239	36 747	67 986	27 317	22 161	49 478	75,5
1906	35 674	32 418	68 092	34 348	37 642	71 990	29 658	24 015	53 673	78,8
1907	39 961	34 454	74 415	39 381	39 502	78 883	33 602	27 150	60 752	81,6
1908	43 199	36 644	79 843	35 427	40 702	76 129	31 174	28 909	60 083	75,2
1909	48 279	37 293	85 572	38 477	40 611	79 088	34 431	30 085	64 516	75,4
1910	50 013	48 707	98 720	44 310	51 839	96 149	39 222	39 696	78 918	80,0

Tabelle X. **Tätigkeit des städtischen Arbeitsamtes Stuttgart.**

Jahr	Stellengesuche			Stellenangebote			Stellenbesetzungen			auf 100 Gesuche
	männlich	weiblich	zusammen	männlich	weiblich	zusammen	männlich	weiblich	zusammen	
1895	12 604	3 212	15 816	9 629	3 947	13 576	5 637	1 875	7 512	47,5
1896	17 627	3 767	21 394	14 280	5 457	19 737	10 474	2 638	13 112	61,3
1897	19 113	3 804	22 917	16 023	6 006	22 029	12 041	2 925	14 966	65,3
1898	21 134	4 157	25 291	18 203	6 276	24 479	13 602	3 309	16 911	67,0
1899	21 752	5 136	26 888	20 801	8 241	29 042	13 761	4 139	17 900	66,6
1900	22 551	4 479	27 030	19 285	7 582	26 867	13 651	3 772	17 423	64,6
1901	27 095	4 638	31 733	17 121	7 048	24 169	13 148	3 841	16 989	53,5
1902	31 360	5 748	37 108	17 731	9 018	26 749	15 234	4 682	19 916	53,6
1903	31 087	6 344	37 431	20 539	9 965	30 504	16 741	5 183	21 924	58,5
1904	35 756	10 715	46 471	26 979	14 965	41 944	22 258	8 955	31 213	67,1
1905	45 817	14 678	60 495	34 325	20 067	54 392	28 211	12 469	40 680	67,2
1906	51 332	20 085	71 417	43 981	27 072	71 053	37 310	18 428	55 738	78,0
1907	57 578	26 474	84 052	47 154	33 941	81 095	39 556	23 724	63 280	75,2
1908	64 888	29 373	94 261	41 386	36 379	77 765	35 257	26 261	61 518	65,3
1909	69 067	31 704	100 771	41 297	38 326	79 623	35 622	27 587	63 209	62,7
1910	63 765	32 428	96 193	45 804	40 351	86 155	38 924	28 487	67 411	70,1

[1] Aus den Jahresberichten zusammengestellt.

Tabelle XI. **Tätigkeit des Zentralvereins für Arbeitsnachweis in Berlin**[2].

Jahr	Stellengesuche			Stellenangebote			Stellenbesetzungen			auf 100 Gesuche
	männlich	weiblich	zusammen	männlich	weiblich	zusammen	männlich	weiblich	zusammen	
1895	12792	3392	16184	9627	1997	11624	9382	1882	11264	69,6
1896	14602	3013	17615	11574	1794	13368	11318	1662	12980	73,7
1897[1]	26691	3036	29727	21670	2008	23678	20831	1874	22705	76,3
1898	30928	3389	34317	23484	2184	25668	22241	1900	24141	70,3
1899	35791	3386	39177	31225	2360	33585	28258	2105	30363	77,5
1900	45277	3155	48432	45816	2224	48040	36459	1934	38393	79,3
1901	38003	3316	41319	28685	2654	31339	24528	2072	26600	64,3
1902	46225	3327	49552	34899	3036	37935	28235	2299	30534	63,6
1903	67777	6764	74541	52080	8611	60691	41770	4846	46616	62,5
1904	88779	11095	99874	75428	15071	90499	58749	8268	67017	67,1
1905	122110	14915	137025	108785	19464	128249	80847	11343	92190	67,2
1906	137680	19137	156817	109716	24758	134474	84375	15182	99557	63,5
1907	134063	24035	158098	94382	25533	119915	77629	18049	95678	60,5
1908	125479	26481	151960	75543	26761	102304	65942	18303	84245	55,4
1909	129001	28240	157241	84956	34746	119702	74734	22216	96950	61,7
1910	161695	36026	197721	124923	46935	171858	104510	28843	133353	67,4

Tabelle XII. **Tätigkeit des Arbeits- und Dienstvermittlungsamtes Wien**[2].

Jahr	Stellengesuche			Stellenangebote			Stellenbesetzungen			auf 100 Gesuche
	männlich	weiblich	zusammen	männlich	weiblich	zusammen	männlich	weiblich	zusammen	
1898	21302	3356	24658	6942	1295	8237	5820	1025	6845	27,8
1899	64987	10832	75819	36276	6221	42497	34009	4938	38947	51,4
1900	66390	12220	78610	39415	6066	45481	37600	5645	43245	55,0
1901	59903	11132	71035	38598	6660	45258	37457	6235	43692	61,5
1902	59573	10531	70104	40328	7752	48080	38260	6642	44902	64,0
1903	59386	27332	86718	42393	21946	64339	40082	15102	55184	63,6
1904	68359	88042	156401	49595	76980	126575	47083	64941	112024	71,6
1905	63716	112542	176258	47957	93068	141025	45063	82847	128910	73,1
1906	67112	114123	181235	55757	106866	162623	51630	90108	141738	78,2
1907	68762	113259	182021	56923	113044	169967	53471	92432	145903	80,2
1908	64491	113799	178290	53995	110656	164651	50513	90537	141050	79,1
1909	67352	116302	183654	56163	111622	167785	52050	91364	143414	78,1
1910	68710	121360	190070	56829	113443	170272	53421	95553	148974	78,4

[1] Anschluß der Facharbeitsnachweise.
[2] Aus den Jahresberichten zusammengestellt und berechnet.

Tabelle XIII. **Gesamttätigkeit der im Verbande bayerischer Arbeitsnachweise vereinigten Arbeitsämter in den Jahren 1901—1910** [1].

Jahr	bis 10	11 bis 50	51 bis 100	101 bis 200	201 bis 500	501 bis 1000	1001 bis 5000	5001 bis 10000	über 10000	Gesamtzahl der Arbeitsämter	Bemerkungen
	\multicolumn{9}{c}{Zahl der Arbeitsämter, welche Stellungen vermittelten}		
1901	4	5	6	4	2	1	6	3	1	33	1 ohne Bes.
1902	8	10	8	5	3	2	7	3	1	53	6 „ „
1903	9	16	8	4	8	2	9	1	2	61	2 „ „
1904	7	12	10	5	9	2	10	1	2	62	4 „ „
1905	4	13	6	4	9	2	11	1	2	52	—
1906	2	10	7	6	10	4	10	1	2	52	—
1907	5	8	5	8	8	5	10	—	3	55	3 ohne Bes.
1908	3	7	6	9	11	5	9	2	2	54	—
1909	1	5	4	8	7	6	13	1	3	48	—
1910	—	5	2	8	8	6	14	1	3	47	—

Tabelle XIV. **Landwirtschaftliche Stellenvermittlung des Verbandes bayerischer Arbeitsnachweise.**

Jahr	Arbeitsamt München			Alle übrigen dem Verbande bayer. Arbeitsnachweise angeschl. Arbeitsämter			Summa		
	Stellengesuche	Stellenangebote	Stellenbesetzungen	Stellengesuche	Stellenangebote	Stellenbesetzungen	Stellengesuche	Stellenangebote	Stellenbesetzungen
1901	2469	3297	2421	3 857	3 962	1632	6 326	7 259	4 053
1902	3247	3652	2697	5 984	5 860	2598	9 231	9 512	5 295
1903	2858	3529	2553	4 931	5 424	2822	7 789	8 953	5 375
1904	3064	4053	2944	5 375	6 330	3341	8 439	10 383	6 285
1905	4303	4909	3924	5 561	6 475	3794	9 864	11 384	7 718
1906	4438	5790	4436	6 021	7 987	4014	10 459	13 777	8 450
1907	4965	5848	4678	6 411	8 360	4628	11 376	14 208	9 306
1908	5055	5136	4410	8 937	10 059	6124	13 992	15 195	10 534
1909	6742	6644	5813	11 164	12 012	7131	17 906	18 656	12 944
1910	6865	7023	6243	12 639	14 166	9173	19 504	21 189	15 416

[1] Aus dem Geschäftsberichte des Verbandes für 1910 zusammengestellt.

Tabelle XV. **Beitragsleistungen sämtlicher bayerischen Gemeinden zum staatlichen Arbeitsnachweis (nach Größenklassen[1] geordnet).**

Gemeinden mit einer Einwohnerzahl von	Zahl der Gemeinden	I. Jahresbeitrag je einer der Gemeinden in ℳ	Sa. der Jahresbeiträge aller Gemeinden i. ℳ	Gemeinden mit einer Einwohnerzahl von	Zahl der Gemeinden	II. Jahresbeitrag je einer der Gemeinden in ℳ	Sa. der Jahresbeiträge aller Gemeinden i. ℳ
Bis unter 300	2699	5	13495	5000 bis unt. 10000	54	500	27000
300 bis unter 500	2135	10	21350	10000 „ „ 15000	7	1000	7000
500 „ „ 700	1157	15	17355	15000 „ „ 20000	8	1500	12000
700 „ „ 1000	932	30	27960	20000 „ „ 30000	10	2000	20000
1000 „ „ 1500	528	50	26400	30000 „ „ 50000	4	3000	12000
1500 „ „ 2000	199	70	13930	50000 „ „ 100000	5	4000	20000
2000 „ „ 3000	153	100	15300	100000 „ „ 200000	1	7000	7000
3000 „ „ 5000	90	200	18000	200000 „ „ 400000	1	15000	15000
				über 400000	1	30000	30000

Sa. I . . . 153790 ℳ
„ II . . . 150000 „
Ges.-Sa. . . . 303790 ℳ

Tabelle XVI. **Voranschlag der Jahresausgaben für den staatlichen Arbeitsnachweis in Bayern.**

Arbeitsnachweise	Verzinsung und Amortisation der Gebäude u. Einrichtungsgegenstände	Material-Verbrauch	Persönliche Unkosten	Zusammen
	ℳ	ℳ	ℳ	ℳ
1 Zentralamt	40 000	5000	75 000	120 000
3 größere Ämter	15 000	2000	25 000	126 000
12 kleinere Ämter	8 000	1500	17 500	330 000
16 Arbeitsämter in Sa.				576 000
40 Filialen (Zuschuß)	—	—	—	40 000
60 große Sammelstellen (Zuschuß)	—	—	—	30 000
				Sa. 646 000
Hiervon ab:				
Beiträge der Gemeinden . . . . ca. 300 000				—
Einnahme an Gebühren . . . . ca. 5 000				305 000
				Rest ℳ 341 000

als reine Staatsausgabe.

---

[1] Die Größenklassen der Gemeinden sind dem Statistischen Jahrbuch für das Königreich Bayern 1911 entnommen. (S. 17.)

Printed by Libri Plureos GmbH
in Hamburg, Germany